AF358976

DES FORCES

ALIMENTAIRES

DES ÉTATS

ET DES DEVOIRS DU GOUVERNEMENT

DANS LA CRISE ACTUELLE.

PARIS. — IMPRIMERIE DE GERDÈS,
Rue Saint-Germain-des-Prés, 10.

DES FORCES

ALIMENTAIRES

DES ÉTATS

ET DES DEVOIRS DU GOUVERNEMENT

DANS LA CRISE ACTUELLE,

PAR

M. MICHEL CHEVALIER.

PARIS

AU BUREAU DE LA REVUE DES DEUX MONDES

RUE SAINT-BENOÎT, 18

—

1847

TABLE DES MATIÈRES.

III. — DE L'EXCÉDANT DES ÉTATS-UNIS.

IV. — LA SICILE ET L'ÉGYPTE, RESSOURCES TOTALES DU MARCHÉ GÉNÉRAL.

V. — DE LA LIBRE ENTRÉE DU BÉTAIL ET DES SALAISONS.

DES
FORCES ALIMENTAIRES
DES ÉTATS
ET DES DEVOIRS DU GOUVERNEMENT
DANS LA CRISE ACTUELLE.

I.

DES EFFETS GÉNÉRAUX DE LA CHERTÉ DES GRAINS.

La France tout entière donne en ce moment un remarquable exemple de philosophie, et nous voilà réhabilités tous, gouvernés et gouvernans, de la pétulance et de la précipitation de nos ancêtres. Nous nous trouvons en pleine disette, et non-seulement les populations restent paisibles, ce qui est déjà un beau sujet d'éloges, mais, non contentes de ne pas s'emporter, de ne pas s'émouvoir, elles gardent le silence, n'émettent aucun vœu, ne formulent aucune requête. Elles attendent dans une attitude respectueuse les immanquables effets de la sympathique sollicitude du gouvernement et du patriotisme vigilant des orateurs qui font profession de dévouement à la cause populaire. Jamais les pouvoirs constitués de l'état et les chefs de parti, qui sont bien aussi, dans l'état, un pouvoir, ne reçurent un témoignage aussi flatteur de confiance en leur capacité, en leurs généreux sentimens, en leur amour pour la classe la plus nombreuse. Il est donc convenable d'examiner ce qui se fait pour justifier cette confiance et pour écarter le danger qui, malgré le calme dont nous jouissons, est à nos portes, car les circonstances présentes sont de celles où l'on voit les populations s'agiter, où une inquiétude ardente s'empare d'elles et les pousse au désordre; la faim a été justement appelée par le poète une *mauvaise conseillère*. Et cette fois la modicité de la récolte de nière en céréales se complique d'un autre déficit. La pomme de terre, qui a pris une grande place dans l'alimentation publique, a été atteinte d'une désespérante maladie dont on n'entrevoit pas la fin. Ce n'est pas seulement chez nous, c'est dans le reste de l'Europe; ce n'est pas seulement en Europe, c'est dans l'autre continent même qui nous l'avait donnée. Voilà une denrée dont la production, de 1815 à 1845, avait été portée de 17 millions d'hectolitres à 100, qui menace de nous faire défaut. L'alimentation populaire est même atteinte par là de plusieurs côtés. L'ouvrier sera forcé de remplacer la pomme de terre par d'autres farineux plus chers; il va de plus, du même coup, être privé de l'infiniment petit de viande qu'il consommait. On sait que plusieurs millions de Français n'en mangent pas d'autre qu'un atome de salé, qu'ils mettent dans leur soupe. Le vœu de la poule au pot du bon roi Henri, à travers toutes nos révolutions, dont le mobile cependant a été un sentiment populaire, n'a été accompli encore que sous cette figure-là. Ce porc salé sur lequel vivait une famille, c'est avec des pommes de terre qu'on l'avait nourri. Comment faire, si l'on ne peut plus compter sur la pomme de terre à bas prix?

Nous avons ainsi devant nous de l'inconnu, qui, hier, était fort sombre, qui aujourd'hui ne l'est guère moins. La Providence dissipera sans doute ces nuages qui pèsent sur nous et nous voilent le ciel serein sur lequel nous avions pris l'habitude d'arrêter nos regards. Elle nous a été visiblement bienveillante depuis quinze ans; elle a apaisé bien des orages qui grondaient sur nos têtes. Il est vrai que les hommes l'y ont aidée; nous pouvons compter sur elle à la même condition.

Nous ne sommes pas, disons-le, en présence d'une cherté passagère. Cet hiver, le blé est monté à un taux qui était sans exemple depuis trente années, et, ainsi qu'on le verra tout à l'heure, la prudence commande de se préparer comme si les subsistances devaient rester au-dessus du prix habituel pendant quelques années. Or, pour y remédier, quels moyens? Dans la sphère administrative, il en est deux qui ne s'excluent pas, et qui, au contraire, se complètent l'un l'autre. Le premier consiste à prendre toutes les mesures qui par elles-mêmes sont propres à abaisser le prix des denrées alimentaires, le second à développer les

travaux extraordinaires. Mettons en usage tout ce qui tendra à empêcher la vie d'être trop coûteuse, et en même temps maintenons le travail, qui est le gagne-pain des masses populaires.

Les travaux extraordinaires d'une part et la suppression des taxes qui
pèsent sur les subsistances, particulièrement des droits de douane sur
les céréales, la viande sur pied ou la viande salée d'autre part, tel est
l'arsenal dont dispose l'autorité pour combattre positivement et direc-
tement la disette. Cette double action est indispensable; c'est comme
le double mouvement de la pompe. On l'a justement remarqué, la
cherté des subsistances est nécessairement accompagnée d'un manque
de travail, et c'est ce qui condamne un système qu'on vient de ressus-
citer ou d'inventer, selon lequel les amis sincères et éclairés des
classes populaires devraient n'attacher que peu d'importance à la vie
à bon marché. Quand la vie devient chère, les salaires sont absorbés
presque en entier par la nourriture. Ce besoin une fois satisfait plus
ou moins grossièrement, l'ouvrier n'a presque plus rien, et par conséquent il suspend ses autres consommations; il porte ses habits râpés
ou en haillons; il ne renouvelle pas son petit mobilier ni son linge. La
consommation diminuant, il faut bien que la production se resserre; il
y a donc moins de travail dans les fabriques de tout genre. On file
moins, on tisse et on broche moins; on forge, on coule, on étire moins;
on fait moins toute sorte de choses. Or, le travail est le patrimoine
du pauvre; c'est son revenu, son capital, son grenier, son trésor. Voilà
comment, lorsqu'une disette se déclare, il devient indispensable à un
gouvernement paternel, à un gouvernement prudent, d'ouvrir des travaux extraordinaires où se réfugient les bras inoccupés.

On peut, par une approximation fort imparfaite, se faire quelque idée
de l'influence que la disette exerce sur l'industrie manufacturière et sur
le travail des populations. La consommation de la France est évaluée
à 100 millions d'hectolitres de froment ou à l'équivalent en grains de
toute espèce. Il y a une portion de ces grains dont le prix, haut ou bas,
n'a pas d'effet sensible sur le commerce et sur l'industrie en général;
c'est celle qui est consommée par le producteur lui-même. Tout se
passe entre la terre qui donne la moisson et la famille du cultivateur,
le reste du monde n'a rien à y voir; mais la proportion qui est mise dans
le commerce, et qui est consommée par des gens qui ont dû l'acheter,
met l'acheteur dans l'aisance relative ou dans la gêne, selon qu'elle est
à bon marché ou qu'elle est chère. Les relevés du recrutement attri-
buent à l'agriculture la moitié de la population totale, de la population
mâle du moins; mais, dans la population agricole, il y a beaucoup de
gens qui ne récoltent pas leur blé et qui l'achètent : tels sont la plupart
des jardiniers et maraîchers, tels sont les innombrables travailleurs des
vignobles. La quantité de grains qui est mise dans le commerce, et que

par conséquent le consommateur se procure en livrant en retour le produit de son travail, doit excéder la moitié de la masse totale. Disons cependant la moitié seulement. Le prix habituel de l'hectolitre de blé est à peine de 20 francs; les 100 millions d'hectolitres de froment que représente en puissance alimentaire et en valeur vénale la consommation en grains de la France font, année commune, 2 milliards. Ce sera, en temps ordinaire, une somme d'un milliard qu'auront à débourser les familles qui ne récoltent pas leur blé. Si l'hectolitre monte de 5 francs pour l'année entière, ces familles subissent une surtaxe de 250 millions qu'elles acquittent en diminuant d'autant leur demande d'autres produits. Voilà donc un débouché de 250 millions fermé aux manufactures principalement. Qu'est-ce si le blé monte de 10 fr. ou de 20! Avec une hausse de 20 fr., la production manufacturière éprouve une atteinte de près d'un milliard. On peut dire que la perte ne va pas jusque-là, parce que les populations ont quelques épargnes à ajouter à leurs salaires, qu'elles obtiennent quelque peu de crédit, et qu'en pareil cas la charité privée fait de grands efforts. Il faut reconnaître aussi que les consommations du riche, que nous avons compté tout comme le pauvre dans la masse de la population, sont peu affectées de la cherté du pain; mais il convient de tenir compte aussi de ce que les grains ne sont pas seuls à enchérir. La pomme de terre, cette année, a monté dans une proportion plus forte encore; les légumineuses les plus nourrissantes ont été entraînées dans le mouvement; la viande de porc, qui est celle que préfère le pauvre, a cédé à la même impulsion. La cherté de tous ces articles nous ramène vers le chiffre d'un milliard pour la mesure du déboursé supplémentaire, qu'en une année telle que celle-ci peut exiger l'alimentation publique, et par conséquent de la réduction qu'éprouvent les autres consommations. C'est en grande partie à prendre sur le débouché habituel des manufactures. Un milliard de moins sur une production manufacturière qui représente seulement deux et demi à trois milliards serait un désastre. Sur 1 milliard en produits manufacturés, les salaires font probablement plus de la moitié; c'est ainsi une réduction de 500 millions que la disette fait subir à la rétribution des classes ouvrières, alors que, pour vivre selon leur modeste habitude, il leur aurait fallu un milliard de plus à se partager. De ces sommes retranchez un quart, un tiers, la moitié même: ce sera encore une calamité. Ainsi, en de pareils temps, le malheur s'accumule sur la tête des nations, et la misère engendre inexorablement la misère. Une disette, lorsqu'elle dure, est donc un de ces fléaux dont les nations sont longtemps à se relever. Elle ouvre un gouffre où les capitaux s'engloutissent, dans les profondeurs duquel les économies disparaissent. Il n'y a pas de devoir plus impérieux pour les pouvoirs de l'état que de s'efforcer d'en adoucir les rigueurs. De ce point de vue, notre parlement offre depuis quelques mois un spectacle bien peu édifiant; à ses délibérations, on ne soupçonnerait pas que la famine frappe à notre porte.

Il était naturel de s'attendre à ce que, la disette une fois déclarée, une double action s'organisât pour l'abaissement du prix des subsistances et pour le développement des travaux publics. Le gouvernement de 1830 se pique de sagesse; il a fait la preuve de son amour de l'ordre; il a témoigné plus d'une fois de sa sollicitude pour les intérêts de la classe laborieuse; il a montré qu'il appréciait tout ce que le travail recèle en soi de puissance pour le bien-être des populations et la tranquillité des états. Une loi a été en effet présentée et votée pour l'entrée provisoire en franchise des céréales et des autres farineux (1), et à deux reprises une loi propre à exciter les travaux d'utilité communale est venue offrir une issue aux travailleurs sans emploi.

A cette double opération le gouvernement a apporté une réserve excessive. L'introduction en franchise des céréales n'a été consentie que jusqu'au 31 juillet, époque à laquelle certainement on n'aura pas eu le temps de battre et de moudre une partie appréciable de la moisson. La proposition émise par voie d'amendement d'étendre la même immunité à la viande a excité, c'est pénible à dire, dans le sein de la chambre des députés une clameur violente à laquelle les généreux auteurs de l'amendement ont cédé. On peut regretter qu'ils n'aient pas insisté davantage. Quand on soutient une cause juste, une cause sacrée, quand on a plus de talent qu'il n'en faut pour la faire triompher, on a tort de reculer devant du tapage. On doit forcer au moins ses adversaires à produire leurs argumens au grand jour de la tribune, et il y a des argumens qui ne supportent pas le grand jour. Malheureusement cette proposition toute d'humanité n'avait trouvé aucun appui dans le gouvernement. Les subsides aux travaux d'utilité communale ont dû déterminer des entreprises d'un montant total de 32 millions de francs; dans un pays qui compte 35 millions de population, c'est peu. Le gouvernement, à la vérité, a pensé que tout ne devait pas venir de lui, que d'autres ressources extraordinaires seraient offertes aux populations. Il a compté sur l'empressement des communes à limiter en faveur des classes pauvres la hausse du prix du pain par le système des *bons*. A cet égard, il ne s'est pas trompé. La plupart des communes urbaines ont suivi en cela l'exemple que leur donne sur une si grande échelle la ville de Paris, et la charité privée s'est mise à l'œuvre de très bonne grace.

(1) Nous disons l'entrée en franchise, quoiqu'on ait laissé subsister un droit de 25 centimes par hectolitre; mais ce droit ne sert qu'à constater les quantités qui entrent.

II.

RESSOURCES DE LA BALTIQUE ET DE LA MER NOIRE.

Pour l'avenir, car la crise n'est pas terminée, y a-t-il lieu de s'attendre à plus de résolution de la part de nos hommes d'état, à plus de chaleur de la part des chambres? Il est permis d'en douter. Le projet de loi nouveau sur les subsistances, dont nous aurons à parler bientôt, n'est pas conçu de manière à inspirer beaucoup d'espoir. Dans les circonstances difficiles cependant, c'est un devoir pour chacun d'exprimer son opinion. J'exposerai donc ici quelques aperçus sur les denrées alimentaires et sur les travaux publics extraordinaires. En premier lieu, étudions la question des subsistances dans ses rapports avec le commerce général du monde; occupons-nous d'abord des céréales, du blé-froment, celui de tous les grains incomparablement qui se transporte le plus d'un état à un autre. Passons rapidement en revue les différens pays producteurs; rendons-nous compte de leur capacité productive et des prix auxquels ils pourraient livrer leurs réserves. Ces pays se réduisent à peu près au bassin de la Baltique, à celui de la mer Noire et aux États-Unis.

La question de savoir combien de blé on pourrait retirer de ces contrées diverses, et quel en serait le prix, a été étudiée minutieusement et sans relâche depuis près de trente ans. Dès le rétablissement de la paix, le gouvernement anglais, intéressé plus que tout autre à se bien éclairer sur ce sujet, se mit à réunir tous les renseignemens qu'il put, par ses consuls, par des agens spéciaux. De là particulièrement le rapport célèbre de M. Jacob, en 1826, que tous les documens sont depuis venus confirmer. Après avoir parcouru le bassin de la Baltique, qui est le mieux situé pour approvisionner le marché de Londres et en général tout le littoral de la mer du Nord et de la Manche, M. Jacob rentra dans sa patrie avec cette conclusion, que les excédans qu'on en pouvait retirer étaient limités, que les prix, indépendamment de ce que les qualités laissent souvent à désirer, n'étaient point aussi bas que l'avaient prétendu les partisans d'une protection effrénée. C'est de la Pologne plus spécialement que viennent par Dantzig les blés qu'exporte la Baltique; les grains de Dantzig sont les plus recherchés d'ailleurs, parce qu'ils sont d'une belle espèce. Recueillis péniblement au bord des fleuves dans ces régions dépourvues de routes, ils descendent la Vistule, lorsque la saison des pluies la gonfle, dans des barques grossières où rien ne les protége contre les intempéries de l'air, ni contre l'action combinée de l'humidité et du soleil qui y développe la germination. Ils arrivent ainsi après plusieurs mois jusqu'à Varsovie et à Dantzig, qui est le port d'embarquement pour l'Europe. La couche supérieure germe avec une telle vigueur, que les barques font l'effet de jardins flottans, pareils aux *chinampas* qui émerveillèrent Cortez et ses Espagnols, quand ils furent arrivés aux bords des lacs de Mexico. Ce qui reste de la production d'une terre pauvre, livrée à une culture barbare ou arriérée, une fois que les populations ont prélevé leur nourriture, est assez peu de chose. Ce qu'on peut habituellement amener sur le marché de Dantzig, avec les imparfaits moyens de transport dont on dispose, est moindre encore. Il faut lire dans la vaste publication de M. Mac-Grégor (1), qui a eu une montagne de documens entre les mains, ce que c'est que la puissance productive de ces provinces polonaises et moscovites, comparée à ce qu'une renommée mensongère en avait raconté. « Il avait, dit-il, été déclaré officiellement à plusieurs reprises, imprimé et réimprimé que le gouvernement de Tamboff (province intérieure de l'empire russe) produisait 39 millions de quarters de froment (113 millions d'hect.). » En y regardant de plus près, on trouve que la production ordinaire en céréales de toute espèce n'est que du sixième, et que les quatre-vingt-dix-neuf centièmes de cette production sont du seigle, ou de l'avoine, ou du sarrasin, toute autre chose enfin que du froment. En 1833, année d'abondance, la province ne put fournir que 1,512,000 hectolitres de grains de toute nature aux marchés de Saint-Pétersbourg et de Moscou. C'est sur cette proportion qu'on avait exagéré la production du bassin de la Baltique. Tous ces fantômes dont on avait effrayé l'imagination des cultivateurs anglais se sont évanouis quand on les a serrés de près. Il s'est trouvé que toute l'exportation de la Baltique à destination de l'Occident, en y joignant le bassin de l'Elbe qui débouche à Hambourg, et y compris même une portion de ce qui se rend d'un parage à l'autre de cette mer, ne pourrait communément s'élever, en fait de froment, qu'à 5,500,000 hectolitres, qu'à cause des expéditions destinées à la Baltique et aux pays attenans, il faut réduire à moins de 5,000,000 (2).

A quel prix, s'est-on demandé ensuite, ce blé pourrait-il être livré? M. Jacob, en s'entourant des meilleurs renseignemens commerciaux, est arrivé à 20 francs 70 centimes comme prix coûtant de l'hectolitre rendu à Londres. Il faudrait encore y ajouter les frais notables qui correspondent à la détérioration des grains par échauffement pendant le voyage, ainsi que le profit du marchand, et on tombe ainsi sur

(1) *Commercial Statistics*, tomes I et II, *passim*. — Voir aussi l'exposé détaillé de la question des céréales qu'a tracé M. Mac-Culloch dans son dictionnaire du commerce, article *Corn*.

(2) Voir Mac-Greg, II, p. 738.

un prix de 23 à 24 francs l'hectolitre. M. Jacob cependant calculait sur un prix d'achat à Varsovie de 12 francs 7 centimes par hectolitre, qui est presque constamment dépassé. La moyenne des prix à Dantzig, de 1830 à 1843, est de 13 francs 50 centimes. Il mettait de même les frais de transport au plus bas, et il ajoutait qu'une demande plus forte ferait monter et la cote du marché de Varsovie et les prétentions des bateliers. C'est également à 23 et 24 francs que reviendaient les blés de la Baltique au Hâvre et à Dunkerque. Les propriétaires de la Grande-Bretagne qui demandaient, en 1815, qu'on leur garantît un minimum de 38 à 40 francs, et qui se contentaient à peine de la loi des céréales de la même année, qu'on avait rédigée avec l'intention de leur assurer 34 fr. 50 cent., pouvaient prendre ombrage de ces prix de 23 ou 24 fr.; mais qu'en pourraient dire nos cultivateurs, eux qui sont satisfaits du cours ordinaire de 20 francs?

Si donc nous laissions entrer librement les blés de la Baltique, ils ne sauraient ruiner notre agriculture. C'est contraire à certaines opinions reçues, mais c'est positif pour quiconque a pris la peine d'observer. Aussi les adversaires de la liberté du commerce des grains parlent-ils moins de la Baltique. C'est la mer Noire, disent-ils, qui nous portera le coup fatal. C'est de là que viendra l'importation de blé à 6 francs l'hectolitre, dont l'effet sera de mettre nos terres en friche et de couvrir de nouveau le sol des Gaules des impénétrables forêts qu'y rencontra Jules César. — S'il est vrai que le blé soit à Odessa à meilleur marché qu'en Pologne, il l'est de peu. Il ne s'agit pas de savoir quel est le prix du blé dans l'intérieur de la Russie, loin des ports et de toute voie de communication; c'est presque aussi indifférent au commerce que de connaître ce que se vendent les grains ou les racines dont se nourrit un Africain aux sources du Niger. A Odessa, le prix commun des dernières années, quand l'occident de l'Europe fait peu de demandes, est de 10 à 11 francs mis à bord. En magasin à Marseille, l'hectolitre revient à 15 francs au moins, sans profit pour le commerce; avec les bénéfices du commerçant, les chances d'avaries, les déchets et les pertes d'intérêts, il faut dire 18 francs. Mais les blés dits *touselles* que produit la Provence sont d'une qualité fort supérieure. Le blé d'Odessa à 18 francs répond à plus de 23 pour les touselles, et les prix de 18 ou de 23 francs à Marseille supposent 20 et 25 francs à une petite distance dans l'intérieur. Nous ne parlons pas du moment actuel où les prix d'Odessa sont montés à plus du double de la cote ordinaire. Lorsque la Provence aurait du grain médiocre à 18 ou 20 francs et du très beau à 23 ou 25, elle serait à peine dans la situation du Nord; elle ne serait donc pas privilégiée, elle ne se rendrait pas coupable du crime de lèse-agriculture. Encore, pour ne pas se faire d'idée fausse, faut-il se rappeler que l'hectolitre de blé vaut plus de 10 ou 11 francs à bord du navire dans le port d'Odessa, dès que la demande est un peu active. Alors le blé d'Odessa reviendrait à Marseille à plus de 18 francs. On n'aperçoit donc pas l'avilissement des prix que l'agriculture aurait à craindre.

Quant à la quantité que la mer Noire peut jeter sur le marché, on l'a outrée presque autant que celle de la Baltique. Odessa peut livrer communément 1,600,000 hectolitres, les ports de la mer d'Azof 600,000, les principautés du bas Danube fournissent un contingent d'environ 800,000, total : 3 millions d'hectolitres. Avec les 5 millions d'hecto-litres de la Baltique, voilà une réserve de 8 millions. Il n'est cependant pas inutile d'ajouter que l'agriculture peu avancée des bords de la mer Noire lutte contre une extrême inégalité des saisons, et une année sur trois la récolte est très faible, presque nulle. A cette évaluation des approvisionnemens à attendre des deux mers qui baignent, celle-ci au midi, celle-là au nord, le vaste empire des czars, on peut opposer avec un semblant de raison les quantités qu'en retire cette année le commerce; mais ce n'est pas leur réserve moyenne que ces contrées vendent cette fois à l'Europe : ce sont leurs réserves accumulées de plusieurs années, elles vident leurs greniers. Et puis ce n'est pas du rayon accoutumé où puise le commerce que proviennent les blés livrés cette année à l'Europe affamée. Les prix s'étant élevés à Odessa, à Ta-ganrog, à Dantzig, à Riga, dans tous les ports de la Baltique et de la mer Noire, en proportion de la hausse dans l'Europe occidentale, les négocians ont trouvé profit à faire venir des blés de cantons éloignés auxquels ordinairement ils ont garde de s'adresser. De 11 francs en-viron, le blé à Odessa est monté à 20 et 25 francs. On a donc pu y vendre du blé grevé de 14 francs de transport de plus, ce qui montre comment l'aggravation des prix, si elle soumet les populations à une dure gêne, les empêche pourtant de mourir de faim.

C'est donc par l'effet d'une illusion que beaucoup de personnes, en France, admettent que l'anéantissement de l'agriculture serait la consé-quence nécessaire de la libre entrée du blé étranger. On s'apitoie sur nos terres qui seraient abandonnées; on dépeint nos cultivateurs comme incapables de soutenir la concurrence des serfs de la Russie, qui exploi-tent pour le plus misérable salaire un sol étalé devant eux en surfaces indéfinies, et sur lequel il n'y a presque pas d'impôts. Pour ce qui est de la modicité des salaires, qu'on n'en parle pas. Si l'argument était bon absolument, il nous donnerait trop d'avantages. Je ne sache pas de serfs, russes ou polonais, qui habitent des tanières aussi incommodes, et qui aient une pire nourriture que les paysans de plusieurs de nos dé-partemens. Celles de nos provinces où le cultivateur est le plus misé-rable sont aussi celles qui produisent le plus chèrement: la modicité des salaires n'est donc pas une raison suffisante de bon marché pour

2

les produits. Quant aux impôts, ce n'est pas toujours un mal d'en payer; c'est même un bien, lorsqu'une partie de cet impôt sert à ouvrir des chemins, à creuser des canaux, à améliorer le matériel et le moral de la civilisation. Enfin, si la terre coûte peu en Pologne, en Russie et en Moldavie, elle y coûte tout ce qu'elle vaut, et le prix est probablement en raison des facilités qu'on a pour la rendre féconde, ou pour en écouler les produits, une fois qu'on les a ramassés péniblement. C'est une question qu'il ne faut pas se hâter de résoudre contre nos pays de l'Europe occidentale, que celle de savoir si une civilisation naissante ou barbare, à population clairsemée, donne nécessairement le blé à plus bas prix qu'une civilisation avancée, à population dense. A moins que la nation ancienne et populeuse, dont nous supposons que l'agriculture soit savante, n'ait été poussée, par une législation restrictive, à la mise en céréales d'une très grande quantité de mauvaises terres, où les frais de production régleraient la moyenne générale du prix de vente, on trouvera que, eu égard aux ressources et aux facilités de tout genre qu'offrent une civilisation perfectionnée et une population nombreuse, ce ne sont pas peut-être les vastes champs des pays arriérés ou les terres vierges des pays neufs qui ont décidément l'avantage. On a soutenu, en s'appuyant plutôt sur de vagues propos que sur des renseignemens précis, que tel seigneur de la Russie méridionale pouvait vendre son blé sur place à 4 francs. Je ne pense pas que le cas se soit présenté sur des proportions sérieuses, si ce n'est peut-être de la part des seigneurs obérés, forcés de vendre à tout prix : admettons pourtant que ce ne soit ni une vanterie de propriétaire ni une exécution de débiteur; mais déjà, si, sur trois récoltes, il y en a une d'à peu près nulle, le prix de 4 francs est porté à 6. Or, j'ouvre le *Cours d'Agriculture* de M. de Gasparin, qui est un praticien consommé, et j'y lis qu'en France, avec une culture qui serait parfaite et dont le succès serait complet, en tenant compte de la rente de la terre (moyennant laquelle le propriétaire paierait l'impôt), le prix de revient de l'hectolitre serait à peine de 7 francs (exactement 6 francs 95 cent.) (1). Nos meilleurs cultivateurs n'atteignent pas ce degré d'économie, mais ils en approchent à 2, 3 ou 4 fr. près. Si donc on cultivait très bien en France, le blé s'y tiendrait à un prix qui défierait le prix courant d'Odessa même, puisque ce prix courant est de 10 à 11 francs au moins. Il est vrai qu'avec la culture imparfaite que reçoit notre sol, presque partout le blé revient beaucoup plus cher que 10 ou 11 francs; mais, si nos cultivateurs et nos propriétaires veulent avoir du soin, s'ils obéissent au précepte :

> Travaillez, prenez de la peine,

l'excédant des frais de production du blé en France sera bien plus que

(1) *Cours d'Agriculture*, tome III, page 665.

compensé par les frais de transport, les déchets, les commissions, le magasinage, l'intérêt du capital et toutes les mauvaises chances que supporte le blé étranger; et, s'ils ne voulaient pas faire des efforts pour améliorer leur culture, ne serions-nous pas fondés à chercher les moyens de les y contraindre, en leur faisant sentir l'aiguillon de la concurrence? On vient de le voir pour la Baltique et la mer Noire, on va le voir pour les États-Unis : c'est un aiguillon qui ne peut causer de mortelle blessure, qui même est fort émoussé.

On a cité, pour les grains de la Baltique et de la mer Noire, des prix de vente dans nos ports qui sont inférieurs à ceux que j'ai indiqués tout à l'heure. C'est qu'il y a des momens où l'industrie livre ses marchandises sans profit ou même à perte. On aime mieux vendre ses produits à vil prix que de ne pas les vendre du tout. Alors que le blé étranger était repoussé du marché anglais et qu'il était frappé en France et sur les autres grands marchés d'une interdiction presque aussi rigoureuse, des circonstances ont dû se présenter où, pour faire argent d'excédans peu considérables, on souscrivait à toute condition. Ces prix excessifs en baisse ne prouvent rien pour un avenir où l'accès de quelques-uns des grands marchés serait libre. Des excédans bien plus forts que ceux qui ont été ainsi quelquefois abandonnés à vil prix seraient alors comme perdus dans l'approvisionnement général. Versez dans l'île Pomègue ou dans la tour de Cordouan 500,000 hectolitres de blé, et édifiez ensuite tout autour une muraille de la Chine, le blé y tombera peut-être à 50 centimes l'hectolitre, à cause de l'impossibilité de l'en faire sortir. Une muraille de la Chine qui exclut les blés de la mer Noire des marchés de l'Angleterre, de la France, de l'Espagne, de l'Autriche, peut produire un effet du même genre. Renversez la barrière dont vous aviez entouré l'île Pomègue ou le château de Cordouan, et le blé aussitôt y reprendra le prix du département des Bouches-du-Rhône ou de la Gironde. Même chose se passerait par rapport aux excédans de la mer Noire, si on les laissait entrer librement. Les prix s'équilibreraient tout comme ferait le niveau de deux réservoirs, jusque-là séparés par une digue, qui viendraient à communiquer. Si l'un des deux est petit et l'autre grand, le premier comme le bassin des Tuileries, le second comme le lit de la Seine, c'est le niveau du plus vaste qui deviendrait le niveau commun.

Nous en faisons bien l'épreuve cette année : nous voyons bien, à nos dépens, si en ouvrant nos ports aux blés de la mer Noire nous abaissons nos prix au niveau du leur, ou si ce n'est pas, au contraire, leur cote qui se règle sur la nôtre. Il n'en serait point ainsi assurément, si les pays producteurs de blé pouvaient indéfiniment accroître leur excédant disponible; mais pour le blé en particulier, je dis le blé-froment, la céréale qu'on recherche le plus, celle qui donne lieu au plus grand mouvement commercial, à juger de l'avenir par le passé, on serait en droit d'affirmer que cette puissance d'accroissement indéfini n'existe pas. Un pays à son début peut être exclusivement agricole et avoir une assez grande quantité de blé de reste. Pendant un certain laps de temps, si ce pays jouit de la paix, s'il est peuplé d'hommes industrieux, et que le sol s'adapte bien aux céréales, le grain disponible devra aller en augmentant. Lorsque la population et le capital se sont élevés à un certain niveau, cette progression se ralentit; c'est que de grandes villes se forment, l'industrie manufacturière s'organise, et les classes ouvrières se mettant à pulluler, absorbent presque tout ce que l'agriculture nationale peut produire en sus de la subsistance des cultivateurs. Pour bien nous en rendre compte, au lieu de raisonner sur des élémens abstraits, nous tâcherons de prendre la nature sur le fait; recherchons ce qui se sera passé avec la suite des temps dans quelque pays facile à étudier, et notamment aux États-Unis.

III.

DE L'EXCÉDANT DES ÉTATS-UNIS.

C'est un fait attesté par l'histoire, que toutes les fois qu'un peuple qui est en croissance a atteint un certain point, la division du travail s'établit dans son sein à la faveur du capital amassé par l'agriculture. On avait commencé par se vouer exclusivement à travailler le sol; on devient commerçant et manufacturier. Le progrès de la richesse porte au raffinement des mœurs; on a plus de loisir, on s'est cultivé davantage soi-même. Les relations sociales acquièrent plus de charme; on les recherche d'autant plus, on se réunit dans des cités qui acquièrent peu à peu les proportions de métropoles. Insensiblement la population agricole domine de moins en moins par le nombre. Le perfectionnement de l'agriculture et l'emploi des machines permettent à une moindre quantité de bras de retirer du sol une plus grande quantité de produits, ou avec le même nombre de bras on a, toutes choses égales d'ailleurs, une production plus vaste; puis la population étrangère à l'agriculture se développe plus vite encore que la puissance productive moyenne du cultivateur. On s'achemine ainsi, avec lenteur sans doute, vers un balancement des professions qui a de l'analogie avec celui que présente la société anglaise, où les cultivateurs ne forment plus que le quart, pendant qu'en France ils vont actuellement à la moitié, et qu'aux États-Unis, il y a quarante ans, ils faisaient les neuf dixièmes. En même temps le pays, s'il a un territoire limité, réduit ses exportations en blé, puis il les cesse, et à la longue il finit par être forcé d'en importer, à moins qu'il ne consente à le payer un prix exagéré. Telle a été l'histoire de l'Angleterre, qui, il y a moins d'un siècle, était l'un des pays du monde d'où le froment s'exportait le plus régulièrement, qui ensuite, de 1770 à 1790, se suffisait à peu près, balançant les importations d'une année par les exportations d'une autre, et qui aujourd'hui est devenue le principal centre vers lequel de toutes parts on dirige les excédans qu'on a de cette denrée. L'histoire des États-Unis se déroule comme si elle devait offrir jusqu'à un certain point une gradation analogue. Si l'on se bornait à envisager les anciens états, les treize ci-devant colonies qui proclamèrent l'indépendance, on y retrouverait nettement dessinée la succession des trois phases du commerce des grains, l'exportation, l'équilibre, puis l'importation qui caractérise désormais la situation de la Grande-Bretagne.

Aux États-Unis, autrefois, chaque état se nourrissait par ses propres ressources en grains, et produisait à peu près son propre froment en particulier. Il n'en est plus de même aujourd'hui. Les anciens états qui bordent l'Océan Atlantique, depuis la Nouvelle-Écosse jusqu'à la pointe de la Floride, ont dans leur ensemble cessé de subvenir à leur propre alimentation. Les états de la Nouvelle-Angleterre, qui sont les plus septentrionaux de cette belle chaîne, se sont couverts de manufactures; le New-York, justement nommé l'état-empire, à cause de la puissance de son commerce et de ses capitaux. a fait de même. La Pensylvanie, profitant des beaux gisemens de charbon et de fer et des innombrables chutes d'eau dont l'a dotée la nature, a ouvert aussi de nombreux ateliers. Le Maryland, son voisin, est devenu pareillement manufacturier. Dans les états du sud, on est resté beaucoup plus agriculteur, mais on a cessé de l'être aussi exclusivement, et surtout on s'est livré aux cultures qu'on peut appeler commerciales, tandis qu'à l'origine l'ambition de chaque famille se bornait à peu près à vivre sur son domaine. L'exploitation du sol a été tournée, autant qu'on l'a pu, vers la production du tabac, et bien plus encore vers celle du coton ou même du sucre (1). Dans toutes les parties de l'Union, la population urbaine a été en croissance plus que la population des campagnes. En 1790, plusieurs années après l'indépendance, il n'y avait dans toute l'Union que trois villes de plus de 20.000 ames, et Philadelphie, qui avait le premier rang, était à 44,000 seulement. On y compte aujourd'hui cinq villes de plus de 100,000 ames, et New-York, avec les communes attenantes de Brooklyn et de Jersey-City, doit présentement approcher de 500,000. En 1790, la population totale était un peu au-dessous de 4 millions; celle des six plus grandes villes du littoral, réunies aux huit principaux centres de l'intérieur, ne montait qu'à 135,000; c'était la proportion du trentième. En 1840, sur un total de 17 millions d'ames, les mêmes quatorze localités allaient à 1 million 50,000; c'est environ le seizième. Si l'on prend l'ensemble des villes, on trouve que, dans la période décennale de 1830 à 1840, la population urbaine est passée de la proportion du quatorzième à celle du huitième. Dans les six états de la Nouvelle-Angleterre pris isolément, la proportion, en 1840, était du tiers. Dans les états du littoral compris entre la Nouvelle-Angleterre et le Potomac, c'est-à-dire dans le New-York, le New-Jersey, la Pensylvanie, le Maryland, elle était du cinquième (2).

Ce progrès de la population urbaine et celui de l'industrie manufacturière, qui s'est développée parallèlement dans les états du littoral, a amené naturellement et sans secousse, dans le sein des États-Unis, le

(1) La culture de la canne est resserrée dans la Louisiane; si ailleurs on fait du sucre, c'est avec le suc de l'érable, et on n'en produit ainsi que de petites quantités.

(2) Tucker, *Progress of the United States*, page 132.

changement contre lequel l'Angleterre se débattait vis-à-vis de l'étranger depuis 1815, et que sir Robert Peel a eu le bon esprit de consacrer définitivement par sa grande loi de la réforme douanière. Le littoral américain a reçu des grains de l'intérieur non-seulement pour commercer avec l'étranger, mais pour sa propre consommation. La farine qui de New-York est expédiée en barils au dehors n'est pas la seule qui y ait été envoyée des états de l'ouest; une partie de la farine même qu'on mange à New-York a désormais cette origine extérieure à l'état. Il en est ainsi, à bien plus forte raison, de la farine dont est fait le pain des habitans de Boston. Dès 1840, on calculait que les six états du nord-est, qu'on désigne collectivement sous le nom de la Nouvelle-Angleterre, absorbaient 2 millions d'hectolitres du froment produit dans les états de l'ouest, contre 725,000 qu'ils récoltaient eux-mêmes (1). Le groupe des états du sud, où l'on consomme moins de froment, parce qu'il y a une nombreuse population esclave ne mangeant que du maïs, puisait à la même source plus abondamment. Pris en bloc, les états intermédiaires entre la Nouvelle-Angleterre et le sud, le New-York, la Pensylvanie, le Maryland, et avec ceux-ci la Virginie, qui, parmi les états situés au midi du Potomac, se distingue par une plus forte production de froment, avaient cessé d'être en position d'en exporter. Aujourd'hui, année moyenne, l'ensemble de ces états en tire de l'ouest pour sa consommation.

En 1836, la quantité de blé-froment et de farine que les états de l'ouest amenaient au canal Érié, afin de la jeter sur le marché de New-York, était de 22,894,000 kilogrammes. En 1843, elle était plus que sextuplée, soit de 142,810,000 kilogrammes. C'est quatre fois l'exportation dirigée de New-York vers les pays étrangers et à peu près moitié en sus de l'exportation totale des États-Unis. Ainsi ce sont bien les jeunes états de l'ouest qui fournissent le blé exporté et qui sustentent en partie les états du littoral. Une autre portion de la production de l'ouest se dirige sur la Nouvelle-Orléans, qui remplit le même rôle que New-York. Elle distribue entre les autres états de la confédération les productions de l'intérieur, et elle envoie à l'étranger.

Comme la culture, dans les régions de l'ouest, empiète sans cesse sur les forêts primitives, et que de nouveaux états s'y forment continuellement, remplis de séve et de vigueur, la production en froment augmente toujours. Elle était de 6,200,000 hectolitres en 1790. Dix ans après, elle était passée à 8,000,000. A la fin des périodes décennales suivantes, elle était de 11 millions, de 13, de 18. En 1840, elle s'élevait à 29; elle est aujourd'hui d'environ 40 millions. Les excédans exportés ne suivent pas, à beaucoup près, la même marche. C'est à peine s'ils

(1) Mac-Gregor, *Commercial Tariffs and Regulations*, volume des États-Unis, p. 588.

croissent, absolument parlant; comparativement à la récolte, ils vont donc en diminuant. Ils en représentaient les 28 centièmes en 1790; à l'expiration de la période décennale suivante, c'est 15 pour 100; dix ans après, on tombe à 12. En 1840, on est remonté à 14, parce que la récolte de 1839 avait été exceptionnellement abondante; mais ensuite la proportion s'est abaissée à 7 et à 6 pour 100.

Il faut prendre en considération, lorsqu'on veut se rendre compte de la puissance d'exportation des États-Unis en froment, que ce n'est pas la totalité de ce vaste pays qui est propre à cette production. Il y a un demi-siècle que Washington en avait fait l'observation : dans une lettre à Arthur Young, écrite en 1791, il disait fort justement qu'au nord de l'état de New-York le climat était inhospitalier à cette graminée, dont cependant le tempérament est fort élastique, et que pareillement, au midi de la Virginie, le sol de la confédération ne se prêtait pas à cette culture, et s'en accommodait d'autant moins que l'on s'éloignait davantage de la zone tempérée. On ne cultive en effet le froment que très modérément par-delà les deux limites qu'il avait tracées, et qui répondent à 45 et à 35 degrés de latitude : c'est donc sur une largeur de 1,100 kilomètres seulement que la nature encourage l'homme à produire le froment aux États-Unis, et le pays occupe du midi au nord une étendue double. On a calculé que la région dont les circonstances naturelles générales se prêtent à la culture du froment ne forme pas le quart de la totalité de l'Union (1). Or, de plus en plus, au contraire, les populations veulent en consommer. C'est ainsi que, dans la Nouvelle-Angleterre, le froment prend sans cesse la place du maïs, dont on se contentait autrefois. Si les Anglo-Américains en réclamaient tous la ration de 3 hectolitres environ, qui est celle des Français des villes, la production actuelle du pays ne leur suffirait guère qu'à moitié. Ils seraient même en déficit, s'ils prenaient la ration des Anglais proprement dits, qui est de 2 et quart au minimum.

En résumé, les États-Unis sont placés dans des conditions de culture sans pareilles; des terres fertiles s'y offrent indéfiniment au premier occupant; une population intrépide en même temps qu'ingénieuse et alerte au travail s'y multiplie avec une rapidité sans exemple, et l'on y voit accourir d'Europe des nuées d'émigrans choisis parmi ce que l'ancien continent a de cultivateurs le plus animés de la louable ambition de conquérir un patrimoine à la sueur de leur front. S'il est au monde un pays d'où l'on pût attendre pour l'exportation une production de grains énorme, c'est celui-là. On sait ce qu'il a fait pour le coton. Il n'en donnait pas une balle en 1780; dix ans après, il n'en expédiait pas

____

(1) Mac-Gregor, *Commercial Tariffs*, etc. États-Unis, p. 584. — Citation de documens de Philadelphie.

100,000 kilog. En 1800, il était parvenu à en exporter 8 millions de kil.; en 1820, 42; actuellement il en est à 400 (1), sans compter 55 ou 60 millions que le pays emploie dans ses propres manufactures. Rien de semblable cependant ne s'est passé pour le blé, quant à l'exportation; l'excédant disponible est borné. La sortie du blé a été moyennement, pendant les quatorze années, du 1er janvier 1831 au 1er janvier 1845, de 2,000,000 hect. (2); mais, déduction faite des importations, car pendant cette période l'Amérique a été une fois dans la nécessité de tirer du blé du dehors (3), la prétendue *inondation* de l'univers par les blés d'Amérique se réduit à une moyenne de 1,840,000 hectolitres. Le maximum a été de 4,070,606 hect. en 1840. Les quatre premières années de cette période présentent une moyenne de 2,078,000 hectolitres. Les quatre dernières ne vont, moyennement, qu'à 2,539,000. Ce n'est guère qu'un cinquième de plus; ainsi, pendant cet intervalle de quatorze ans, la progression est très lente. Elle le serait bien plus, si l'on comparait aux quatorze années que nous venons d'embrasser un égal laps de temps à partir de 1790. On trouverait que les moyennes des deux périodes se ressemblent à 213,000 hectol. près (4). Quant au prix, les cultivateurs d'Europe ont de ce côté-là moins à craindre que de tout autre endroit. Les prix courans de New-York accusent une cote constamment supérieure à 1 dollar le *bushel*, et moyennement, de 1830 à 1844, de 1 dollar 25. C'est, par hectolitre, un minimum de 15 fr. et une moyenne de 18 fr. 75 cent. Joignez-y le fret d'au moins 3 fr. par hectolitre, les déchets, les droits de commission, les frais d'embarquement et de débarquement, et vous verrez qu'il faudra des circonstances particulièrement heureuses pour que l'hectolitre de blé des États-Unis puisse être livré au Havre, à Nantes ou à Bordeaux, au prix de 20 fr. Arrêtons-nous un instant sur les élémens dont se compose ce prix.

Du moment que ce sont les états de l'ouest qui fournissent à l'Europe le blé que celle-ci peut retirer des États-Unis, la preuve est acquise, par cela même, que le blé de ce pays ne peut arriver chez nous à bas prix. Voici, en effet, les frais de transport qu'il subit : il faut de la ferme le

(1) Voir la statistique de M. Pitkin, page 111 (1835), et celle de M. Putnam, intitulée *American Fa ts*, page 197 (1845).

(2) Nous réduisons ici en hectolitres de grains la farine qui compose la presque totalité de l'exportation. La farine qui correspond à 2,000,000 hectolitres, d'après les procédés de mouture employés en Amérique, pèse environ 100 millions de kilogrammes.

(3) En 1837, il y eut une importation de 1,454,000 hectolitres contre une exportation de 585,561 hectolitres, ce qui donne pour l'importation une balance de 868,439 hectol. En 1838, l'Amérique du Nord continua d'importer des blés, mais en moindre proportion, et l'exportation dépassa l'importation de beaucoup. L'importation des blés d'Europe en Amérique pendant les années 1835–36–37–38 est montée en tout à 2,140,653 hectolitres.

(4) La moyenne de l'exportation de la période de quatorze ans, du 1er janvier 1790 au 1er janvier 1805, est de 1,627,000 hectolitres. Voir la statistique de Pitkin, page 96.

voiturer jusqu'à un canal qui se décharge dans le lac Érié : ce sera le canal d'Ohio ou le canal de la Wabash, peu importe. Une fois là, il faut descendre le canal et atteindre le lac. A Cleveland ou à Tolède, où le canal se termine, on transborde la marchandise et on traverse le lac en bateau à vapeur; c'est un voyage de 300 kilomètres. A Buffalo, de l'autre côté du lac, nouveau transbordement, afin d'entrer dans le canal Érié. Ce canal a 586 kilomètres. Il faut le parcourir dans toute son étendue, puis descendre 219 kilom. du cours de l'Hudson pour arriver à New-York. Ce sera en tout un voyage de 1,200 kilom. environ, avec des transbordemens et des commissions à payer, avant d'être au port d'embarquement. On estime que tous ces frais réunis vont à 7 ou 8 fr. l'hect. Joignez-y la traversée de l'Atlantique, le débarquement, le magasinage, de nouvelles commissions, des chances d'avarie à couvrir; vous arrivez à ce résultat que l'hectolitre est grevé de 12 à 13 fr. au moins, en sus du prix de vente sur le lieu de production, lequel est au moins de 7 à 9 fr., et sans compter le bénéfice du marchand. Par la voie de la Nouvelle-Orléans, ce serait un peu moins, parce qu'il n'y a pas de droit de péage sur l'Ohio et le Mississipi ni sur les fleuves leurs tributaires; mais la diminution serait à peu près balancée pour le blé ou la farine par un surplus de fret et par l'accroissement des chances d'avarie qui résulterait du séjour dans un climat chaud et humide comme celui de la Louisiane. Et enfin New-York est le principal marché de froment. C'est pour le maïs que la Nouvelle-Orléans aurait l'avantage, parce qu'on peut l'y faire venir de moins loin que le blé. On diminue les frais de transport du blé, aux États-Unis, en opérant la mouture dans l'état producteur ou dans quelqu'un des grands moulins qui sont épars le long du canal Érié dans l'état de New-York; mais c'est en ayant égard à cette économie qu'a été fait le calcul précédent, et il n'en reste pas moins acquis que rarement l'hectolitre de blé des États-Unis, ou l'équivalent en farine, pourra être rendu dans nos ports à 20 fr. L'Amérique ne pourrait concourir à alimenter de blé la France, dans une proportion digne d'être citée, que dans les années de cherté. Elle nous enverrait du blé à peu près en tout temps, je le crois, mais seulement de petites quantités pour compléter des chargemens, et ainsi les Américains contracteraient l'habitude de nous fournir régulièrement du grain sans pouvoir jamais avilir les prix. Dès qu'une hausse se prononcerait, ils en profiteraient pour écouler plus de grains; par conséquent, leur intervention aurait pour effet de la modérer.

Ces faits s'appliquent à plus forte raison aux grains des espèces inférieures; mais, à l'exception du maïs, l'Amérique en produit peu. L'alimentation de l'homme y roule, en fait de céréales, sur le blé ou froment et le maïs. On ne récolte en seigle que le cinquième du froment, et en orge que le quart du seigle, et cet orge sert pour le bétail ou pour la fabrication de la bière. En sarrasin, on fait le douzième du blé. Chez nous, le seigle avec le méteil représente en hectolitres plus de la moitié du froment, l'orge à peu près la moitié du seigle et du méteil, et le sarrasin le huitième environ du blé. Le seigle, l'orge, le sarrasin, ne figurent pas dans les exportations des États-Unis. Il en est autrement du maïs. Ce grain, qui s'adapte admirablement au climat du Nouveau-Monde et qui y est indigène, donne aux États-Unis une récolte qu'on peut en ce moment évaluer à 200 millions d'hectolitres. Cependant, à cause des frais de transport qui, étant les mêmes pour toute espèce de grains, grèvent dans une plus forte proportion les grains inférieurs, la Nouvelle-Orléans, où le maïs abondera prodigieusement dès qu'on le voudra, aurait en temps ordinaire beaucoup de peine à nous en fournir au prix de nos marchés : je raisonne toujours dans l'hypothèse de l'abolition des droits d'entrée. Les circonstances où l'on a vu le maïs à vil prix dans cette métropole étaient accidentelles; il y avait grand encombrement du produit et point de débouché. Habituellement, sous le régime de la liberté commerciale, les Américains nous expédieront leur maïs sous une autre forme beaucoup plus avantageuse pour eux et pour nous-mêmes. Ils en feront de la viande qu'ils saleront pour nous, comme ils le pratiquent déjà pour d'autres peuples. La viande ayant une valeur triple du blé, et bien plus forte encore relativement au maïs, il lui est plus facile de supporter des frais de transport. Nous pourrons ainsi nous procurer les denrées animales qui nous manquent à un degré si déplorable. C'est un important service que nous avons à attendre des Américains, et par là devront s'organiser de grands échanges lorsque nous leur aurons donné le temps de s'y préparer. L'Angleterre en ressent le bienfait maintenant. L'importation des viandes salées, qui y avait été, en 1844, de 5,200 quintaux métriques, et en 1845, de 4,500, est montée à 133.000 en 1846, où cependant le régime de la liberté n'a été en vigueur que pendant les six derniers mois. Que ne sera-ce pas lorsque les éleveurs de l'Ohio, de l'Indiana et du Michigan auront pu combiner leur production en vue de la consommation britannique! Les pays neufs où les terrains disponibles sont presque sans limites se prêtent admirablement à l'élève du bétail; on peut y développer presque indéfiniment cette production. Voici un simple rapprochement qui fera apprécier l'étendue des ressources des États-Unis en ce genre et les facilités qu'ils auraient d'en faire commerce avec nous s'ils y étaient provoqués. Ils avaient, en 1840, 15 millions de bêtes à cornes pour une population de 17 millions, soit 882 par mille habitans. La France n'en a pas 300. La Bavière et le Wurtemberg, qui, de tous les pays à notre proximité, sont les plus riches, en ont, selon M. Moll, 550 et 490. En 1847, la proportion paraît être montée, en Amérique, à 1,000 têtes de gros bétail par mille habitans. Pour les porcs, la progression a été plus rapide encore. En 1840, les Américains en possédaient 1,550 par mille habitans; en ce moment, on évalue qu'ils sont à 1,750. Telle est la vigueur avec laquelle le progrès s'accomplit aux États-Unis, lorsqu'on le cherche dans une direction conforme aux indications de la nature. En France, nous sommes, pour cet article, au-dessous de 150 têtes par mille habitans. En prenant 300 kilogrammes de viande telle que celle que l'on sale pour l'équivalent d'une tête de bœuf, l'importation des salaisons américaines dans la Grande-Bretagne répond à 44,000 bœufs. C'est beaucoup plus que la France ne reçoit de bêtes à cornes.

IV.

LA SICILE ET L'ÉGYPTE. — RESSOURCES TOTALES DU MARCHÉ GÉNÉRAL.

Dans cette revue des foyers de production, nous n'avons nommé ni la Sicile ni l'Égypte, qui furent autrefois si renommées pour l'exubérance de leurs moissons. C'est que ces pays ont en effet cessé de fournir régulièrement des quantités considérables de blés au marché général du monde. Le royaume des Deux-Siciles pourrait en livrer 1 million d'hectolitres, moitié des provinces continentales, moitié de la Sicile proprement dite. Cependant il n'envoie vers nos régions qu'une fraction de cet excédant, même lorsqu'il l'exporte tout entier; il s'en consomme une partie dans le bassin de la Méditerranée. L'Égypte n'expédie des blés à l'Europe occidentale que d'une manière intermittente et par accident; c'est Constantinople, ce sont les îles de l'Archipel qu'elle approvisionne. On dit cependant que cette année la récolte y est magnifique, et que notre Europe pourra en profiter; mais la qualité justement vantée du terroir de la Sicile ou de Naples et l'incomparable fertilité de la vallée du Nil ne doivent ni donner de l'ombrage aux hommes qui regarderaient la réduction permanente du prix du pain comme un événement fâcheux, ni faire concevoir de grandes espérances à ceux qui, se plaçant à un point de vue tout différent, appellent de leurs vœux un vaste développement de la production et du commerce des céréales. Bien des choses sont changées en Égypte depuis le temps des Pharaons ou depuis les Romains. Je ne veux pas dire seulement que la population de l'Égypte est bien diminuée, et que la production, qui, toutes choses égales d'ailleurs, est proportionnelle au nombre des cultivateurs, s'en trouve atténuée. Depuis le temps des patriarches ou depuis la chute des Césars, des cultures commerciales se sont répandues, qui ont pris la place autrefois donnée au blé et continueront de l'occuper, parce qu'elles sont d'un meilleur rapport. Dans les pays chauds, c'est la canne à sucre, c'est le coton; dans les contrées moins ardentes, c'est le tabac et l'olivier, c'est la soie et la garance. Méhémet-Ali a introduit le coton sur une très grande échelle en Égypte. En Sicile et dans le royaume de Naples, l'agriculture n'est pas en progrès; elle a été constamment opprimée, et aujourd'hui encore elle est soumise à un système politique, administratif et fiscal qui l'écrase. Elle ne fait donc rendre à la terre qu'une parcelle de ce que celle-ci offrirait en retour d'un travail intelligent et soutenu. Néanmoins, si la Sicile et Naples se relevaient de leur abaissement et de leur misère, et on est fondé maintenant à l'espérer, les cultures commerciales s'y étendraient de préférence au blé. On y ferait, je le crois, plus de céréales; mais le progrès se manifesterait surtout par une grande production de l'huile et de la soie, par la culture du coton et même de la canne à sucre. On sait que déjà le royaume de Naples produit du coton en quantité assez importante (1); on se souvient que la canne à sucre fut jadis cultivée avec succès dans la Sicile, où elle avait été introduite par les Sarrasins, et d'où elle se répandit dans l'Andalousie, qui à son tour la fournit aux Antilles.

Voilà donc à quoi se réduit présentement la quantité des blés disponibles, un total de 14 millions d'hectolitres, savoir, en nombres ronds : de la Baltique 5 millions, de la mer Noire 3, des États-Unis 2, des Deux-Siciles 1. Si l'on en distrait ce que la Baltique livre à la Baltique même, ce que la mer Noire et le royaume de Naples expédient à Malte, à Alger, à la Grèce, à la Turquie, à la Toscane, à l'Adriatique, et ce qui des États-Unis se répand sur les marchés de Cuba, des Antilles anglaises, du Brésil, de l'Amérique espagnole, ce chiffre sera réduit de plus du tiers. Joignez-y même, en le considérant comme une ressource permanente, le blé que l'Égypte, dans les bonnes années, peut accidentellement fournir à nos contrées en sus de ce qu'elle livre à Constantinople, à l'Archipel, à la Grèce, et portez-le à 1 million d'hectolitres; vous trouverez que, année commune, l'Europe occidentale, réduite même à la France, l'Angleterre, la Belgique et la Hollande, ne peut compter que sur 8 ou 9 millions d'hectolitres de froment étranger, pour 75 millions environ de population. A 3 hectolitres par tête, ce qui est un peu au-dessous de l'évaluation communément admise en France, on n'en aurait que pour la vingt-cinquième partie de la population, dans l'hypothèse où l'Allemagne et les deux péninsules ne revendiqueraient rien. Ainsi les réserves de la civilisation, au lieu d'être en assez grande masse pour produire l'*inondation* qu'on a prédite, sont effrayantes de modicité. A 3 hectolitres par tête, l'Irlande, depuis que les pommes de terre lui font défaut, absorberait, si elle se nourrissait de froment, plus que la totalité de cet excédant. Aussi, on l'a bien vu cette année, il a fallu, pour subvenir à la pénurie qu'éprouvait l'Europe, pour l'empêcher de mourir de faim, que les prix s'élevassent au point de justifier les frais de transport de blés qu'autrement on n'aurait jamais songé à faire paraître sur nos marchés. Il a fallu qu'au lieu de blé on fît venir du maïs, qui n'a pas toujours résisté aux épreuves de la traversée, et que néanmoins on a dû payer un prix exorbitant. Abstraction faite même de la disette actuelle, et dans la supposition qu'un miracle de la bonté divine guérisse tout d'un coup la maladie de la pomme de terre, on verra un peu plus loin que l'excédant de 8 à 9 millions d'hectolitres tout entier serait dévoré désormais par une seule des nations de l'Europe occidentale.

(1) D'après M. Fulchiron (*Voyage dans l'Italie méridionale*, tome II, page 104), la production excéderait 20,000 balles.

V.

DE LA LIBRE ENTRÉE DU BÉTAIL ET DES SALAISONS.

.Tous les argumens qui recommandent la libre entrée des céréales militent à plus forte raison en faveur de la libre introduction du bétail. La France ne produit de viande qu'en insuffisante quantité, et, ce qui est plus grave, elle semble en avoir de moins en moins. Tous les relevés fiscaux constatent qu'à Paris, en 1789, la consommation de la viande était par tête de moitié plus forte qu'aujourd'hui, que depuis lors la diminution a été à peu près continue dans cette capitale. L'ensemble des villes à octroi subit un abaissement pareil. On estime qu'en moyenne la ration de viande d'un Français n'est que le tiers de celle d'un Anglais, le cinquième ou le sixième de celle d'un Américain du nord. Soit qu'on essaie de se rendre compte du nombre de cuirs livrés à la tannerie, soit qu'on s'informe auprès des syndicats des bouchers de l'âge moyen des bêtes livrées à la consommation, la même conclusion revient toujours : nous sommes, sous ce rapport, dans une affligeante pénurie. Et cependant, la science de l'hygiène l'a de plus en plus démontré, la viande est le plus substantiel des alimens. Elle est nécessaire à l'homme qui travaille, afin qu'il rende tout son effet utile. Lorsqu'une population est privée de viande, elle dépérit : la force musculaire s'amortit, la taille se raccourcit; les hommes sont dans l'atelier des travailleurs médiocres, dès qu'il faut de la vigueur; à la guerre, la fatigue les écrase, et la maladie fait plus de ravages que le fer ou le feu de l'ennemi. Nos régimens, décimés à Alger, ne le montrent que trop. L'introduction d'une certaine proportion de viande dans le régime quotidien des masses populaires est réclamée par les plus élémentaires sentimens d'humanité. C'est commandé par la bonne, la vraie, la grande politique, celle qui a la santé publique à cœur, celle qui prend en considération la nécessité d'accroître la puissance productive de l'industrie nationale, celle qui recherche les meilleurs moyens d'avoir de solides armées en prévision des momens sinistres où il faut en venir à la fatale extrémité de la guerre.

A l'égard de la viande, le pays est, répétons-le, dans une disette véritable. C'eût été le cas, il y a déjà long-temps, de mettre à exécution tout ce qu'il peut y avoir de pratique dans divers projets de législation favorables aux irrigations, dans des idées émises plus d'une fois sur le remaniement intelligent des tarifs des octrois, sur la convenance qu'il y aurait d'affranchir autant que possible cet article de toute taxe municipale, comme on l'a fait pour le pain, sur l'opportunité de substituer, à l'entrée du royaume et à l'entrée des villes, le droit au poids au droit par tête, sur la nécessité d'accorder dans les grandes villes, surtout à Paris, à l'industrie de la boucherie, la liberté, qu'on lui refuse sans motifs valables depuis qu'on a des abattoirs pour exercer une bonne surveillance. On a procédé tout différemment.

L'ancien régime avait presque toujours évité de frapper la viande d'un droit de douane. La constituante avait trop le sentiment de l'intérêt public pour ne pas persévérer dans cette voie. La république et l'empire restèrent fidèles à ces sages précédens. En 1816, alors qu'on cherchait à créer au trésor des ressources extraordinaires, on se détermina à taxer les bœufs à 3 fr. 30 cent., les vaches à 1 fr. 10 cent., les veaux à 27 cent. Ainsi que l'a dit, dans son exposé des motifs de 1832, le ministre du commerce d'alors, *ce ne fut pas sans répugnance* que le gouvernement proposa et que les chambres adoptèrent ce nouveau genre d'impôt. Cependant une autre pensée pénétra bientôt dans l'administration du royaume. En 1822, la chambre des députés était fort ardente pour le système prohibitif en tout genre. Le gouvernement, cédant à ces tendances, proposa de décupler, par manière de protection, les droits de 1816. C'était mettre la taxe des bœufs à 33 fr. La chambre aggrava le projet de loi et vota 55 fr., et le reste en proportion. Telle est l'origine des droits qui subsistent encore. C'est cependant avec cette inconséquence que se mènent les affaires vitales d'un grand peuple. La viande, aliment indispensable, est à un prix trop élevé; elle manque. Pour parer au mal, on s'applique à la renchérir, à la raréfier. Nous sommes entourés d'états qui, beaucoup mieux pourvus de pâturages, nous envoyaient une quantité médiocre de bétail qu'avec plus d'intelligence commerciale de part et d'autre on aurait pu accroître : c'est Bade, le Luxembourg, la Belgique, le Wurtemberg et la Bavière plus encore, la Prusse rhénane, la Suisse, le Piémont. A partir de 1819, l'importation n'avait jamais excédé 18,000 bœufs, excepté en 1821, où une circonstance fortuite la fit monter à 27,137 têtes. En outre, il entrait un nombre de vaches à peu près égal à celui des bœufs, et 10 à 12,000 veaux. Pour se faire une idée de ce que signifie cette importation, il suffit de se rappeler que la seule ville de Paris consommait, en 1821, 73,428 bœufs, 7,727 vaches et 70,081 veaux. En échange, nous donnions nos vins, les produits de notre industrie manufacturière, nos incomparables articles de goût. C'était une bonne division du travail : chacun faisait ce que comportait son climat, son territoire, son aptitude; les besoins de tous étaient satisfaits. Cet état de choses se recommandait par les meilleures raisons de politique intérieure et extérieure. Quand nous avons eu fermé la porte à leur bétail, nos voisins, par représailles, ont mis des droits prohibitifs sur nos vins, sur nos produits fabriqués. Ils ont élevé

eux-mêmes des manufactures, ou se sont associés à des états manufacturiers; ils ont eu ainsi à desservir des agglomérations de populations
non agricoles, qui ont consommé plus que le bétail jusqu'alors destiné
à la France. Nos lois de douane restrictives de 1821 et 1822 ont eu pour
résultat de provoquer l'agrandissement du *Zollverein*, de le faire arriver jusqu'à nos frontières tout le long du Rhin, et même sur la rive
gauche du fleuve, où il s'étend sur les provinces rhénanes de la Bavière
et dans le Luxembourg, tout comme dans les provinces prussiennes.
Elles ont enchéri la vie à un degré vexatoire à Strasbourg, à Lyon et
dans les départemens voisins des Alpes. Aujourd'hui, lors même que
nous abaisserions complétement la barrière des douanes pour laisser
entrer sans droits le bétail de l'étranger, les contrées de la rive droite
du Rhin et la Suisse ne pourraient nous livrer beaucoup de bétail, ni
nous le donner au même prix. Elles ont pris l'habitude de consommer
elles-mêmes ou elles ont trouvé d'autres acheteurs mieux à leur convenance. La population et l'aisance moyenne s'y sont accrues dans une plus
forte proportion que les existences en bétail. Sur plusieurs points, la production a diminué, dans les montagnes de la Suisse, par exemple, ainsi
que l'a constaté M. Moll dans un voyage qu'il a fait par ordre de M. le
ministre du commerce. Le défrichement ou le morcellement du sol ont
provoqué cette diminution. En somme, le prix du bétail diffère peu aujourd'hui, dans les pays qui nous environnent, du prix moyen de la
France. M. Moll, en 1842, évaluait la différence à *un cinquième ou un
sixième à peine* (1); depuis le voyage de M. Moll, le nivellement s'est
continué. La libre introduction du bétail ne bouleverserait donc pas les
prix de vente sur nos marchés, elle n'aurait même aucun effet sur la
plupart des quatre-vingt-six départemens; mais l'Alsace, Lyon, la Provence surtout, qui est la plus maltraitée, éprouveraient un soulage-
ment. Pour cet article de consommation, notre principale ressource
extérieure réside dans des pays lointains, dans le nouveau continent,
malgré la largeur de l'Atlantique, que les approvisionnemens auraient
à traverser pour se rendre sur notre marché, et c'est sous la forme de
salaisons qu'ils nous arriveraient. Les États-Unis pourraient nous en
fournir de grandes quantités. Un jour à venir, lorsqu'il y aura de l'ordre
et de la sécurité sur les bords de la Plata et que de grandes entreprises
industrielles pourront s'y asseoir, les innombrables troupeaux de bœufs
qui errent dans les pampas seront utilisés probablement pour la consommation de l'Europe. L'industrie de la salaison aurait là un immense champ
à exploiter. Il serait possible, dit-on, d'abattre parmi ces myriades d'animaux, tous les ans, un demi-million au moins de têtes, sans que ce capital vivant, aujourd'hui stérile, fût compromis dans sa reproduction.

(1) *Journal d'Agriculture pratique*, mai 1842.

On tue bien dans les grands ateliers d'abattage de la vallée de l'Ohio 500,000 porcs aujourd'hui; la capacité de production des pampas en bêtes à cornes doit être plus grande encore. On sait qu'actuellement c'est pour le cuir seulement qu'on exploite les vastes troupeaux de bêtes à cornes des bords de la Plata. A peine fait-on sécher au soleil une parcelle de la viande, qu'on envoie sans autre préparation dans les Antilles pour la nourriture des esclaves sous le nom de *tasajo*. Nous n'indiquons d'ailleurs ici que pour mémoire la ressource des steppes de l'Amérique du sud. Il faut à nos populations quelque chose de plus immédiat et de moins problématique. Procurons-nous donc par l'abolition des droits de douane la médiocre quantité de bétail que pourront nous livrer les états qui nous avoisinent, et surtout hâtons-nous d'appeler les salaisons des États-Unis, qui bientôt seraient beaucoup plus abondantes.

VI.

COMMENT L'ADOPTION DE LA LIBERTÉ DU COMMERCE DES SUBSISTANCES PAR L'ANGLETERRE Y CONDUIT LES AUTRES ÉTATS.

Cette question de la liberté du commerce, des subsistances en général, des céréales en particulier, pouvait faire hésiter les gouvernemens modernes de l'Europe occidentale, oublieux des traditions éminemment libérales en cela de notre ancien régime, alors qu'aucun des grands états n'en avait donné l'exemple. On avait vu quelques petits états l'adopter sans que les populations agricoles en éprouvassent le moindre inconvénient. Ainsi la Toscane jouit de la liberté du commerce des grains depuis long-temps, et on ne voit pas que les terres y soient tombées en friche; au contraire, les campagnes sont mieux cultivées qu'ailleurs, et les paysans toscans non *protégés* jouissent d'une aisance qu'aucune autre contrée n'égale en Italie. C'était une induction pour des nations plus puissantes possédant un plus vaste territoire; mais l'expérience faite sur une petite échelle pouvait être représentée comme n'étant pas suffisamment probante. Une grande nation a été enfin poussée par les circonstances à arborer le drapeau de la liberté du commerce des grains. De ce moment, la question change entièrement de face pour les autres peuples; le chemin qui pouvait bien paraître scabreux devient tout uni. Sir Robert Peel, en déterminant le parlement à voter la libre introduction des céréales dans le royaume-uni, a par cela même dissipé les dangers plus imaginaires que réels, mais fort redoutés par quelques personnes, aux yeux desquelles cette liberté semblait exposer les intérêts de l'industrie agricole dans les autres états.

J'admire le courage avec lequel sir Robert Peel a soutenu une pensée qu'il considérait justement comme favorable à l'avancement de sa patrie, de la civilisation tout entière. Son inébranlable fermeté devant les exigences de son propre parti est une leçon qui devrait profiter aux hommes politiques de tous les pays. En faisant rentrer dans la pratique des gouvernemens le principe de la vie à bon marché, il a bien mérité de l'humanité. En ébranlant les barrières élevées primitivement entre les nations par de furieuses passions de guerre (1), maintenues ensuite par les intérêts qui vivent de l'hostilité des peu-

(1) On ne sait pas assez en France que les rigueurs du système prohibitif ont été instituées chez nous comme des mesures de guerre contre l'Angleterre, et non comme une protection pour le travail national. Le régime prohibitif a été fondé par deux décrets de la

ples, par l'égoïsme aveugle de quelques-uns ou par les préjugés d'un plus grand nombre, il a servi la cause de la paix, qui est celle de la liberté des hommes. Ainsi on ne peut croire que je songe à diminuer la gloire de sir Robert Peel, si je fais remarquer qu'en ce qui concerne les subsistances il n'a fait qu'exécuter ce qui était devenu absolument inévitable pour la Grande-Bretagne. Il a eu le mérite de distinguer de son coup d'œil d'homme d'état ce que les circonstances indiquaient nettement sans que les autres chefs de parti voulussent l'apercevoir. L'Angleterre en était venue au point d'être alarmée sur sa subsistance. Sa population, que développait sans cesse le progrès manufacturier du pays, cessait d'avoir sa nourriture assurée, si on s'obstinait à la faire vivre sur la production des îles britanniques. Il fallait le reconnaître, le proclamer et en tirer hardiment la conséquence toute naturelle, que l'Angleterre n'avait plus le choix, et qu'à moins de l'exposer à des famines périodiques, il fallait laisser librement entrer les subsistances. L'Angleterre est, on le sait, de tous les pays d'Europe celui dont la population s'accroît le plus. De 1831 à 1841, la Grande-Bretagne, sans compter l'Irlande, a vu sa population augmenter de 2,300,000 habitans; c'est la proportion ordinaire. Pour les faire vivre de la façon accoutumée, il fallait, à raison de 2 hectolitres 1 quart, ce qui est la plus faible ration pour un Anglais, 5,175,000 hectolitres de plus. Comme cette quantité de grains doit être nette de la semence, et que les fabriques usent, pour l'encollage par exemple, une certaine quantité de farine, dont l'accroissement doit être pris en considération, c'est un surcroît de production de 6 millions d'hectolitres qu'il faudrait tous les dix ans à la Grande-Bretagne. Si elle avait la prétention de se suffire, à chaque période décennale elle devrait ensemencer en froment une superficie de 260,000 hectares de plus; en tenant compte du reste de l'alimentation, de l'orge pour la bière, des légumes, du bétail à élever, ce serait la mise en rapport de 1 million d'hectares de plus qu'il lui faudrait organiser. Dans un pays aussi bien cultivé déjà, c'est tout simplement impossible. Il n'y a plus à défricher rien qui vaille dans la Grande-Bretagne. On y a déjà mis en céréales trop de mauvaises terres, ce qui a eu pour effet, ainsi que Ricardo l'a si bien exposé, d'y hausser le prix des grains au-delà du raisonnable. Sans doute en Angleterre, comme partout, il est possible d'améliorer encore la culture de quelques domaines, de perfectionner même celle du pays tout entier, car, malgré la prodigieuse supériorité de l'agriculture britannique sur celle

convention, dont l'un, celui du **18** vendémiaire an II, est intitulé décret *qui proscrit du sol de la république toutes marchandises fabriquées ou manufacturées dans les pays soumis au gouvernement britannique.* Ce dernier décret, qui n'a pas été encore expressément abrogé, prononce la peine de vingt ans de fers contre une multitude de délits dont l'un serait de porter un gilet de piqué anglais.

du reste du monde, il y a place encore pour des progrès nouveaux, la perfectibilité des arts n'a pas de bornes; mais il serait insensé d'attendre du seul perfectionnement de l'agriculture nationale en Angleterre la nourriture de la population supplémentaire qui vient s'y presser. L'Angleterre était donc forcée de s'adresser franchement à l'étranger. Une partie des propriétaires, appréciant sainement la situation et cédant à l'ascendant du ministre, y a donné son assentiment. Le reste a résisté; mais avec l'appui que lui donnait l'opinion publique, admirablement préparée par M. Cobden et ses dignes émules de la ligue, sir Robert Peel les a vaincus.

Voilà donc la liberté du commerce des grains instituée en Angleterre. La conséquence est que la culture des céréales dans les îles britanniques cessera de s'étendre à des terrains qui n'y étaient pas propres, et qui, donnant des récoltes très variables parce qu'ils s'affectaient davantage des hasards des saisons, causaient dans les prix une fluctuation fâcheuse. La Grande-Bretagne continuera de produire des céréales en grande quantité; cependant ce sera par l'importation qu'elle subviendra aux besoins de son surcroît de population. La moyenne de l'importation de l'Angleterre en froment a été, pendant les sept années closes au 1er janvier 1843, de 6 millions d'hectolitres. Passons pardessus la disette actuelle, supposons-la terminée. L'Angleterre importera alors non plus 6 millions d'hectolitres, mais, selon toute apparence, dix ou douze, autant qu'elle pourra les trouver, et puis toujours davantage à mesure qu'on pourra lui en livrer. Dans une dizaine d'années, elle devra approcher de 20 millions d'hectolitres. Tout ce que pourront ajouter à leur production les espaces compris dans le rayon ordinaire d'approvisionnement des ports de la Baltique et de la mer Noire ira donc s'y engloutir. Comme ce ne sont pas des pays en voie d'amélioration rapide, on est fondé à dire qu'ils auront beaucoup de peine à élever leur production à la hauteur des nouveaux besoins et de la demande toujours croissante de la Grande-Bretagne. Pour que des contrées qui, de concert avec les autres pays producteurs, ne mettent dans le commerce tous les ans que 12 millions d'hectolitres, y ajoutent immédiatement plusieurs millions, et puis 550,000 à 600,000 hectolitres de supplément chaque année, à moins d'une hausse des prix qui appellerait sur le marché la récolte de cantons plus éloignés que ceux qui exportent habituellement, il leur faudra faire un énergique effort, et, à l'exception des États-Unis, l'homme des contrées à blé n'a pas l'habitude de déployer une grande énergie; car c'est ici que vient à sa place l'observation que ce sont des populations asservies.

Ainsi l'ouverture franche du marché anglais au blé de tous les pays est une garantie permanente contre la baisse, que d'autres nomment l'avilissement des prix, sur tous les autres marchés, indépendamment de toute cause spéciale plus ou moins temporaire d'enchérissement. Et qui ne le voit? une pareille cause existe et fera pendant plusieurs années sentir son action. Qui ne sait l'influence désastreuse qu'exerce aujourd'hui la maladie des pommes de terre sur les ressources alimentaires des nations? A superficie égale, un champ planté en pommes de terre nourrit environ deux fois et demie autant d'hommes que si on le mettait en céréales. Là où vous subveniez à l'alimentation d'un million d'hommes, vous n'en nourrissez plus que 400,000 si vous substituez des céréales à la pomme de terre. Depuis quelque temps, la pomme de terre jouait un très grand rôle dans l'alimentation de l'Europe. En Irlande, c'était la presque unique nourriture des deux tiers de la population. Aussi, pendant quelques années au moins, plusieurs contrées de l'Europe, et l'Irlande plus que tout le reste, auront besoin qu'on les aide à se nourrir. En Irlande, le déficit semble devoir être égal à la subsistance de plusieurs millions d'hommes. On est autorisé à croire que dans l'Irlande, qui est mal cultivée, et dans quelques autres pays continentaux où la culture n'est guère meilleure, le perfectionnement agricole finira par combler le déficit; mais ce ne sera pas l'œuvre d'une saison, il y faudra des années. En Irlande particulièrement, la bonne volonté des populations n'y suffirait pas; il ne faudrait rien moins qu'un changement radical dans les lois sur la propriété territoriale. Pendant quelques années donc, l'Irlande devra tirer du dehors la subsistance de 2 ou 3 millions d'hommes peut-être, à moins que la Providence ne la favorise régulièrement de récoltes sans pareilles, ce qu'elle fait une année et ne renouvelle pas. C'est ainsi que la maladie des pommes de terre semble devoir contraindre l'Europe, et particulièrement les îles britanniques, à importer des grains pendant une période dont il n'est pas possible de fixer le terme; et de tous les grains, c'est toujours le froment que le commerce recherche le plus. La crainte qu'on a répandue dans le public de voir tomber le blé à vil prix d'ici à quelque temps n'a donc aucun fondement. L'appréhension contraire, celle de la cherté pendant une certaine période, est la seule qui soit légitime, malheureusement.

Pour la France plus que pour toute autre nation, l'adoption de la liberté du commerce des subsistances par l'Angleterre donne à la question un tout autre caractère. Cette mesure du gouvernement anglais va diminuer nos ressources alimentaires, car nous allons exporter beaucoup de nos productions dans la Grande-Bretagne. Nous sommes les plus proches voisins des Anglais. Toutes les denrées usuelles que leur tarif ne frappait pas d'exclusion allaient déjà en grande quantité de Bretagne et de Normandie à Londres : c'étaient des fruits, c'étaient des œufs. La valeur des œufs de France expédiés en Angleterre était presque aussi forte (1) que celle de nos vins consommés par les Anglais,

(1) En 1845, la valeur officielle des vins de France expédiés en Angleterre a été de 5,365,000 fr., celle des œufs de 4,480,000 fr.

parce que, de ces deux commerces, l'un était libre et que l'autre était et reste encore enchaîné par la législation fiscale de l'Angleterre. Désormais ce sera du bétail, ce sera du blé. J'ai tort de parler au futur : nous sommes maintenant au nombre des principaux fournisseurs de l'Angleterre pour le bétail, les premiers probablement. Déjà, avant qu'elle eût fait sa réforme douanière, nous lui envoyions à peu près autant de bœufs que nous en recevions nous-mêmes. En 1845, par exemple, nous avions pris au dehors 5,046 bœufs, et nous en avions expédié en Angleterre 4,812, sur 6,512 dont se composait notre exportation totale. Désormais nos herbagers de la Basse-Normandie doivent adresser leurs bêtes au marché de Smithfield tout aussi volontiers qu'à celui de Poissy. Le premier voyage ne sera pas plus cher que le second. Il en sera de même infailliblement d'une partie du blé des départemens que baigne la Manche, dès que la crise actuelle sera passée, à moins que notre échelle mobile ne se mette en travers. Non-seulement nous perdrons les alimens que nos cultivateurs expédieront en Angleterre, mais encore nous devrons cesser de compter sur certains approvisionnemens étrangers qui, jusqu'à présent, nous étaient réservés. Nous tirions de la Belgique des bœufs et beaucoup de vaches, dont une partie provenait des provinces hollandaises; maintenant la Belgique et la Hollande dirigent leur bétail sur le marché britannique, où les prix sont plus élevés. C'est ainsi que l'Angleterre a reçu, en 1846, 17,121 bœufs, 22,994 vaches et 2,447 veaux, tandis qu'en 1844 elle n'avait tiré de l'étranger que 3,710 bœufs, 1,156 vaches et 55 veaux; de même pour les moutons et les porcs. J'applaudis de tout mon cœur à ce que notre agriculture trouve de l'autre côté du détroit un débouché avantageux pour ses productions, mais je m'inquiète de voir diminuer ainsi les ressources alimentaires de la France, déjà trop exiguës, si l'on ne nous ménage en même temps le moyen de les remplacer. Laissons à l'exportation la liberté dont elle jouit, mais en revanche appelons l'importation, provoquons-la par l'abolition des droits. Dans l'intérêt de l'hygiène publique, qui réclame impérieusement qu'au lieu de restreindre sa consommation de viande, la France l'augmente, il faut de deux choses l'une : ou mettre un fort droit sur le bétail à la sortie, ou bien ouvrir au bétail étranger la porte à deux battans. De ces deux solutions, entre lesquelles il faut absolument choisir, la seconde certainement est la seule possible, quelque puissans que soient les prohibitionnistes dans l'état.

VII.

DE LA CRISE ACTUELLE. — DURÉE PROBABLE DE LA CHERTÉ. — PROPOSITION DE L'ADMINISTRATION. — INSUFFISANCE DE CETTE PROPOSITION.

Il résulte de ce qui précède que dès aujourd'hui l'établissement de la liberté du commerce des céréales n'aurait aucun inconvénient et ne produirait que des avantages. Je parle de la liberté définitive, permanente, telle que l'avaient nos pères quant à l'entrée. A cause de la disette, on a reconnu déjà le besoin d'un régime de franchise provisoire, qui expirera au 31 juillet. Il est nécessaire de maintenir la suppression des droits sur le blé pendant une année, à partir de la récolte prochaine. C'est la détermination qu'ont adoptée le gouvernement anglais et le gouvernement belge. Le gouvernement anglais, qui avait aboli définitivement, par la loi de 1846, les droits sur les subsistances du règne animal, et qui s'était contenté d'abaisser dans une très forte proportion les droits sur les céréales, de manière à ne laisser commencer la liberté qu'au 1er février 1849, a, au commencement de l'année courante, institué provisoirement une entière liberté du commerce des grains jusqu'en septembre; il vient d'annoncer l'intention de la proroger d'un an. Le gouvernement belge a pris le même parti; il recule même le terme de la liberté provisoire jusqu'au 31 décembre 1848. Chez nous, on s'est refusé à rien changer aux lois qui règlent l'entrée des denrées animales. On consent en ce moment à une prorogation de l'exemption pour les céréales, mais on ne la veut que de trois mois; on se réserverait cependant la faculté d'extension successive par ordonnance. On craint que l'avilissement des prix ne suive tout à coup l'excessive cherté de cette année. Avant d'essayer d'apprécier cette crainte en tant que sentiment politique, tâchons de savoir exactement ce qu'elle vaut comme prévision administrative; examinons jusqu'à quel point il est possible que, dans les circonstances où nous sommes, les grains baissent subitement, par le cours naturel des choses, après la récolte. Consultons l'histoire des disettes précédentes.

Nous avons eu de ces tristes visitations de la Providence plusieurs fois déjà depuis le commencement du siècle, en 1811-12, en 1816-17. A chaque fois, on peut vérifier que le blé est demeuré cher après la récolte suivante, qui cependant s'était trouvée bonne. En 1811, mauvaise récolte : l'effet s'en fait sentir aussitôt; le prix moyen de 1811 est élevé, la statistique officielle le fixe à 26 fr. 13 cent. En 1812, la récolte est au-delà de l'ordinaire : le prix moyen de l'année est cependant de 34 francs 34 centimes pour la France entière, et le prix même de 1813 est encore haut : il est de 22 fr. 51 cent., tandis que les trois années qui avaient précédé la crise avaient vu le blé à 16 fr. 54 cent. (1808), 14 fr. 86 cent. (1809), 19 fr. 61 cent. (1810), et, en 1814, il retombe à 17 fr. 73 cent. En 1816, la récolte est détestable : le prix moyen de l'année est de 28 fr. 31 cent. L'année suivante, qui fut comme toujours le moment de la grande souffrance, le prix moyen fut de 36 fr. 16 cent. En 1818, malgré les ressources qu'avait données la moisson de 1817, il fut de 24 fr. 65 cent., et c'est seulement en 1819 qu'il retombe à un taux modique, 18 francs 42 cent. Dans l'une et l'autre de ces crises, les blés de la récolte postérieure à celle qui avait causé la disette se sont vendus cher malgré la liberté du commerce des grains, dont on jouissait alors, et qui, en 1817 et en 1818 du moins, fut complète par terre et par mer, tandis qu'en 1813 la France avait ses ports bloqués, et même, à la fin de l'année, ses frontières de terre fermées par la guerre. Si l'on veut acquérir la preuve de la lenteur avec laquelle la nouvelle récolte fait sentir son influence modératrice des prix élevés, empruntons à la statistique officielle les cotes successives mois par mois. Pour 1812, les *Archives Statistiques* ne donnent rien; mais, pour 1813, leur indication est complète, et elle est concluante. En janvier 1813, malgré la récolte favorable de 1812, le blé est encore au taux excessif de 29 fr. 65 cent. Il descend les mois suivans, mais peu à peu. La cote officielle est comme il suit :

COTE MOYENNE DU BLÉ PENDANT LES PREMIERS MOIS DE 1813.

Février.. . . .	28 fr. 94 cent.	Mai.	24 fr. » cent.
Mars..	26 fr. 92 cent.	Juin.	21 fr. 58 cent.
Avril..	25 fr. 13 cent.		

En juin 1813, malgré les apparences d'une très bonne récolte, le blé restait donc encore au-dessus du cours habituel; en octobre seulement, il fut à 19 fr.

Pour la crise suivante, nous avons des renseignemens plus étendus. En 1816, la récolte est très mauvaise, comparable à celle de 1846. On savait, avant qu'elle eût été ramassée, combien elle serait insuffisante; toutes les apparences avaient été contraires, et l'administration d'alors ne publia pas de circulaire optimiste. Dès l'automne de 1816, les prix furent élevés; mais le premier semestre de 1817 fut, comme celui de 1847, le moment le plus rude. Voici les prix de 1817, mois par mois :

COTE MOYENNE DU BLÉ, MOIS PAR MOIS, EN 1817.

Janvier.. . . .	34 fr. 96 cent.	Mars.	37 fr. 29 cent.
Février.. . . .	36 fr. 46 cent.	Avril.	39 fr. 60 cent.

Mai.	44 fr. 94 cent.	Septembre. . .	31 fr. 03 cent.
Juin.	45 fr. 46 cent.	Octobre. . . .	31 fr. 67 cent.
Juillet.	36 fr. 19 cent.	Novembre.. . .	31 fr. 62 cent.
Août.	32 fr. 32 cent.	Décembre.. . .	32 fr. 38 cent.

Passons à l'année 1818, qui fut dans le cours de la crise d'alors placée comme le sera 1848 dans celle-ci. On la voit s'ouvrir aussi par des prix élevés qui ne s'abaissent que lentement. En voici la série :

COTE MOYENNE DU BLÉ, MOIS PAR MOIS, EN 1818.

Janvier.. . . .	30 fr. 37 cent.	Juillet.	24 fr. 78 cent.
Février.. . . .	28 fr. 02 cent.	Août..	24 fr. 87 cent.
Mars.	26 fr. 28 cent.	Septembre. . .	23 fr. 80 cent.
Avril..	25 fr. 21 cent.	Octobre.. . . .	22 fr. 98 cent.
Mai.	22 fr. 68 cent.	Novembre.. . .	21 fr. 90 cent.
Juin.	23 fr. 57 cent.	Décembre.. . .	21 fr. 39 cent.

Ainsi, à la fin même de l'année, le blé était encore au-dessus de la moyenne, quoiqu'on fût séparé alors de la récolte désastreuse de 1816 par deux moissons, et l'année 1819 seule rentre dans les prix accoutumés. Voilà comment se comportèrent les grains alors, selon la statistique publiée par les soins du ministre du commerce. Voilà comment l'influence d'une mauvaise récolte se fait cruellement sentir long-temps après. On se l'explique facilement. Une récolte qui est insuffisante à ce point oblige le pays à épuiser tous les grains qui restaient des années précédentes. On entre dans la saison nouvelle sans la moindre réserve, et il n'en faut pas davantage pour que les prix soient élevés. Les propriétaires, ou, ce qui est la même chose vis-à-vis du public, les commerçans en grains, ayant eu plus de profits de la mauvaise récolte que d'une qui aurait été bonne, sont en fonds et maintiennent les prix.

Tel fut le cours que suivirent les choses après les insuffisantes récoltes de 1811 et de 1816; telle doit être la marche des événemens sous l'influence de 1846. Dans les crises passées, une mauvaise récolte a élevé les prix pendant deux années au moins. Il doit en être de même cette fois. Sur quoi se fonderait-on pour contester la similitude? Par conséquent, comment qualifier le projet de loi qui vient d'être présenté? Dira-t-on que c'est de la réserve et de la prudence? L'homme réservé est celui qui ne fait absolument rien de plus que ce qu'il faut, mais aussi qui fait tout ce qu'il faut. On est prudent lorsqu'on mesure d'un regard sûr les chances de l'avenir, et non pas lorsqu'on ferme les yeux pour ne le pas voir. Le projet de loi me semble d'une imprudence extrême, parce qu'il compromet de la manière la plus grave la popularité du gouvernement, et semble fait tout exprès pour donner désormais un argument à ceux qui lui ont injustement reproché de manquer de sympathie pour les classes ouvrières.

En 1817, on eut la ressource des pommes de terre. Jusqu'alors on les avait cultivées médiocrement; on se mit à en planter avec ardeur, et on eut ainsi, dès la fin de 1817, un supplément de nourriture. Cette année, au contraire, la pomme de terre nous manquera. Nos cultivateurs en ont moins planté en 1847 qu'en 1846, par beaucoup de raisons : ils s'en sont méfiés, ou bien ils n'en avaient pas parce qu'elle s'était pourrie, ou encore ils n'auraient pu en acheter qu'à un taux excessif. Les céréales de printemps par lesquelles on les a remplacées rendent moins que les céréales d'automne, et cependant le calcul le plus favorable n'attribue à celles-ci, pour une même superficie en culture, que la moitié ou les deux cinquièmes de la puissance nutritive de la pomme de terre. On peut estimer qu'habituellement, depuis quelques années, nous avions de ce tubercule précieux assez pour nourrir une population de quatre à cinq millions, indépendamment de ce qu'en consomment les animaux. Supposez que, tout balancé, le déficit sur cet article soit égal à la ration d'un million d'hommes : la supposition n'a rien d'exagéré, les cultivateurs le reconnaîtront; il faudra, pour en tenir lieu, au moins 3 millions d'hectolitres de blé. Cette lacune suffirait presque, en temps ordinaire, pour occasionner une hausse. Dans la circonstance actuelle, elle doit retarder le jour où les prix auront retrouvé le niveau commun, à moins que la Providence ne nous gratifie d'une récolte en grains tout-à-fait prodigieuse : or, serait-il sage d'y compter? On agit pourtant comme si l'on ne pouvait manquer de l'avoir, lorsqu'on s'obstine à ne rien faire ou qu'on se borne à des expédiens sans portée.

Pour quiconque observe avec soin, une fois écartée l'hypothèse d'une récolte merveilleuse, à laquelle il ne faut jamais croire avant de l'avoir dans le grenier, il n'y a pas d'incertitude sur la question de savoir si, pendant la saison prochaine, qui s'ouvrira en juillet et se terminera à la moisson de 1848, le blé sera cher ou à bon marché. Tout porte à croire sans doute qu'il sera bien moins cher qu'aujourd'hui; mais le prix actuel est une calamité: il n'existe pas d'ordre social qui pût le supporter long-temps. Tant que le blé n'aura pas repris son taux habituel de 20 fr., les bons citoyens, les hommes qui ont quelque sentiment généreux dans l'ame, devront ne pas se tenir pour satisfaits. Lors même que le gouvernement, au lieu de faire les plus grands efforts, s'enfermerait dans une inaction complète, il y a lieu de penser que nous nous rapprocherions assez vite de la cote de 30 fr. l'hectolitre, de même que dans la saison comprise entre juillet 1817 et juillet 1818; mais les prix de 30 à 35 fr. et même de 25 à 30 sont pénibles pour les populations, nuisibles à l'industrie. Ils enfantent toujours et nécessairement des crises commerciales. Aussi un gouvernement habile, nous ne disons pas humain, doit, quand il prévoit des prix pareils, donner toutes les facilités à l'importation des alimens de toute nature. Mais il se pourrait, dira-t-on, qu'alors l'hectolitre de blé, dans la rapidité de son mouvement descendant, fût précipité au-dessous de la cote de 20 fr. Cette prévision ne s'appuie sur aucun précédent, n'a aucune probabilité, et, à aucune autre époque de disette, elle n'a moins mérité d'être sérieusement prise en considération. Cependant accordons que cette baisse subite soit possible. Au fait, rien n'est radicalement, mathématiquement impossible en ce monde, et, dans les choses humaines, les sages n'ont pour se conduire rien de plus que des probabilités; si les événemens des sociétés étaient absolument réglés par des formules algébriques, le mérite d'être sage se réduirait à celui de résoudre une équation, et ce serait fort mince. Soit donc : il n'est pas impossible que le blé tombe, en octobre ou en novembre, au-dessous de 20 fr., qu'il soit coté à 18 par exemple. Mais est-ce qu'il n'est pas dix fois plus possible qu'au lieu de 18 fr., il soit alors à 30? et à chance égale, quel est le moindre de ces deux maux, le prix de 30 fr., ou celui de 18, puisque la cote de 18 fr. s'appelle un mal?

La proposition ministérielle dénote, on vient de le voir, une connaissance médiocre des faits antérieurs. Le gouvernement, qui publie d'excellens documens et à qui l'on est redevable des *Archives Statistiques*, d'où nous avons tiré ce qui précède concernant les disettes de 1812 et de 1817 (1), devrait bien les lire pour son propre compte. Elle suppose aussi des notions commerciales peu exactes. Il semblerait que les pays producteurs de céréales soient à nos portes, qu'on puisse y puiser à discrétion et en un tour de main, ou encore que, pour trouver des navires prêts à partir en tel nombre qu'on voudra, il n'y ait qu'à frapper la terre du pied. On accorde un délai de trois mois pour des entreprises qui exigeront moyennement, pour l'aller et le retour et pour le chargement, tout ce temps-là, quand il s'agira de nos ports les mieux situés et des pays producteurs les moins éloignés, mais qui absorberont quatre à cinq mois dans la plupart des circonstances. Trois mois suffiront en général pour envoyer du Hâvre un navire vers la Baltique et le faire rentrer chargé; mais de Bordeaux à Dantzig ce sera trop peu. Certainement trois mois ne sont pas assez pour une expédition de Marseille à Odessa, ou du Hâvre à New-York et à la Nouvelle-Orléans. Un armateur ne se chargera pas d'une opération pour la Nouvelle-Orléans à moins de cinq mois. A la vérité, si l'on tient compte de ce que la loi pourra être promulguée un mois environ avant le 31 juillet et de ce qu'un délai est accordé aux navires qui seraient partis du lieu de char-

---

(1) *Archives Statistiques*, pages 18 à 23.

gement avant le commencement d'octobre, on est fondé à soutenir que le délai est calculé de manière à permettre le voyage dans tous les cas. Calculons donc ce qu'il est possible d'attendre d'un voyage.

Les relevés de notre effectif maritime, tels qu'ils sont publiés par l'administration des douanes, constatent que tout ce que nous avons de navires en état de faire de longs trajets, c'est-à-dire de plus de 200 tonneaux, en confondant la voile et la vapeur, ne va qu'au nombre de 650, d'un tonnage total de 182,000 tonneaux (1). Admettons que tous ces bâtimens se consacrent à aller chercher des blés, qu'on renonce entièrement à la navigation coloniale, à la grande pêche, à nos relations avec la mer du Sud et avec le Brésil; ne faisons aucune déduction pour les bâtimens à vapeur, qui tous servent de paquebots et ne transporteront pas de céréales. Admettons encore que les 182,000 tonneaux de jauge équivalent à 200,000 tonnes de charge réelle. A 75 kilogrammes l'hectolitre, ce sera une quantité de 2,660,000 hectolitres qu'on pourra nous amener ainsi en un voyage. 2,660,000 hectolitres, c'est moins probablement qu'il ne faudra pour combler le seul déficit en pommes de terre. Et puis, pour nous refaire des réserves dont la présence comprime la hausse, pour nous remettre enfin en situation régulière, une importation de deux fois au moins pareille quantité serait indispensable. Or, moyennement, en tenant compte de toutes les circonstances, chaque navire en quête de blé ne pourrait faire que trois voyages dans l'année. Ainsi toute la marine française employée, pendant une année entière sans relâche, à aller nous chercher du blé dans les pays de production, sans qu'on en distraie une seule voile, subviendrait tout juste à nos besoins, en supposant que la récolte ne soit pas au-dessous de l'ordinaire. C'est pourtant une raison pour qu'on ne donne pas au commerce moins de l'année entière.

L'importation des blés étrangers pendant les mois d'avril et de mai semble démentir ces calculs : nous aurons en effet importé, pendant chacun de ces mois, 1,500,000 hectolitres environ. A ce compte, pendant un trimestre, nous pourrions recevoir près de 5 millions d'hectolitres; mais il faut remarquer que, vu l'urgence à cette époque particulière de l'année, on a dû tout suspendre pour aller chercher des grains, et le fret entre les pays producteurs de céréales et l'Europe est celui qu'on a payé le plus cher. Après la récolte, il faudra bien qu'on procède aux affaires qui ont été ajournées. Le commerce des colonies ne peut être abandonné indéfiniment; nos relations commerciales avec le Brésil et le reste de l'Amérique du Sud ne sauraient être délaissées sans un grand dommage. Les peuples navigateurs qui nous prêtent leurs navires ont comme nous autre chose à transporter que du blé,

(1) *Tableau du commerce de 1845,* page 655

et ils auront à importer des grains pour leur propre compte. Il est bon encore de rappeler qu'une partie des blés que nous avons reçus nous est venue des entrepôts d'Europe, d'Angleterre, par exemple, et c'est une manière dispendieuse de s'approvisionner. Il vaut mieux aller tout droit puiser dans les greniers des pays producteurs.

Il est une autre circonstance qui aura complétement échappé aux auteurs du projet de loi. Les mois de juillet, d'août et de septembre, pendant lesquels le commerce devrait se pourvoir sur les marchés étrangers, sont ceux où ces marchés offrent le moins de ressources. La récolte antérieure a été épuisée alors dans les pays producteurs comme partout; elle l'aura été cette année par une exportation à outrance pendant les mois précédens, et la récolte nouvelle ne sera pas arrivée encore de l'intérieur aux ports d'embarquement. Juillet, août et septembre sont la morte saison du commerce des céréales. Restreindre expressément le commerce à ces mois-là est une idée malheureuse.

La proposition ministérielle laisse à désirer sous un autre point de vue. On a senti que la prorogation de trois mois ne serait pas suffisante, on a voulu se réserver une porte de derrière pour l'étendre. Il est donc dit expressément dans le projet de loi que des ordonnances pourront reculer le terme fatal. Ainsi le commerce aura devant lui la chance qu'un délai supplémentaire lui soit accordé, mais aussi bien la chance qu'il lui soit refusé : on fait peser sur lui l'indéterminé, l'inconnu, ce qui rebute la spéculation légitime et honnête. On oublie donc que la législation provisoire inaugurée en janvier dernier a eu précisément pour objet de soustraire le commerce aux incertitudes de l'échelle mobile, et voici qu'après les avoir chassées par une porte, on les ferait rentrer par une autre. Vos ordonnances, en effet, sont pour le moins aussi aléatoires que l'échelle mobile. Quelle garantie a-t-on que l'administration ne se formera, au sujet des approvisionnemens de 1848, des idées du même genre que celles qui lui ont inspiré la circulaire de novembre dernier? L'échelle mobile au moins n'avait pas de ces distractions-là. De grace, renonçons à ces complications, à cet arbitraire, car c'est le nom propre de ce système. Ayez une formule qui soit simple dans ses combinaisons comme l'objet à attendre, un programme large comme le besoin public auquel il faut satisfaire. En présence des populations affamées, n'écoutez d'autres conseils que ceux de votre cœur, qui est bon. Ne craignez pas de trop bien faire; craignez, au contraire, de ne pas faire assez; croyez fermement que vous ferez toujours trop peu. Que votre loi soit donc la liberté pendant un an et pour toutes les subsistances. Il n'y a que cela de vrai et de sage, d'efficace et d'humain.

Enfin le projet de loi a un grave défaut : il ne stipule rien pour la viande. Le bétail sur pied et même les salaisons resteraient frappés des droits actuels. L'administration devrait bien donner au public la clé de ses actes sur ce sujet. Jusqu'à explication, ils nous semblent fort contradictoires. Après la révolution de 1830, c'était une sorte d'idée fixe de supprimer les droits sur le bétail, qui avaient été votés en 1822 malgré le gouvernement de la restauration lui-même. Le 3 décembre 1832, on présente un projet de loi qui aurait réduit le droit sur les bœufs de moitié. La chambre des députés eut le tort de le repousser. Le gouvernement ne se tient pas pour battu ; il revient à la charge en 1834, atténuant sa première proposition de manière à abaisser le droit d'un tiers seulement. Le sentiment libéral et populaire du gouvernement fut encore une fois vaincu par l'esprit prohibitionniste de la chambre. Le gouvernement cependant ne se lasse pas. En 1837, le ministre du commerce adresse aux conseils-généraux une notice ambiguë dans sa rédaction, incertaine dans son raisonnement, mais qui, par les faits qu'elle cite, provoque à la modération des droits. En 1842, il publie un tableau comparé de notre consommation en bétail pendant les années 1830 et 1839, et il arrive à cette conclusion, qui l'alarme, que nos ressources diminuent. Si à ce moment les conseils-généraux de l'industrie ne font pas une manifestation pour la baisse des droits, ce n'est pas de sa faute. Depuis lors, l'opinion s'est de plus en plus accréditée, et fort justement, qu'une population qui ne consomme pas de viande n'est pas dans les conditions d'une bonne hygiène, qu'elle porte en elle-même une cause déplorable d'infériorité dans tous les travaux de force, et de mortalité par les maladies et l'épuisement au milieu des hasards de la guerre. Une clameur s'est élevée parmi les esprits éclairés afin que les intérêts de l'humanité et ceux d'une politique vraiment nationale obtiennent satisfaction ; beaucoup de propositions plus ou moins mûries ont surgi. Chacun a présens à l'esprit différens documens ou discours qui ont fait beaucoup d'impression au moment où ils se sont produits. Pour ne parler que de ce qui est le plus récent, je citerai MM. Payen, de l'Académie des Sciences, et de Vogué, propriétaire et maître de forges, qui, dans la dernière session du congrès agricole, ont montré, chacun d'un point de vue spécial, le bien qu'il y avait à attendre de l'introduction de la viande dans l'alimentation populaire, et l'économie même qui pourrait en résulter pour les petites bourses. Je rappellerai encore l'excellent discours qu'a prononcé M. Daru à la chambre des pairs il y a quelques jours. L'espèce d'agitation qui a régné dans le pays au sujet des droits sur le bétail a été l'ouvrage du gouvernement plus que de personne ; il devrait s'en applaudir, car c'est honorable pour lui. Cependant la disette s'avance sur nous, elle nous saisit, elle étreint les populations. L'instant semble arrivé où le gouvernement mettra à exécution une pensée qui lui était chère et qu'il semblait recéler au fond de son ame pour la faire paraître au grand jour dès que l'occasion se présenterait. Hélas! non; il ne veut plus de l'abaissement des droits ni comme mesure définitive, ni comme expédient provisoire. Une loi temporaire des subsistances est présentée; le bétail et les viandes salées n'y sont pas nommés. Une discussion sur ce sujet s'ouvre à la chambre des pairs à l'occasion d'une pétition envoyée du Hâvre; le ministre du commerce monte quatre ou cinq fois à la tribune pour combattre la commission, qui concluait à la suppression des droits pendant la crise, laissant indécise la question générale. On a remarqué combien le ministre, que personnellement chacun à la chambre des pairs aime et honore, avait eu peu de succès après un pareil effort. Quand on a été aux voix, deux mains seulement se sont levées pour appuyer ses conclusions. Ce vote cependant est un avertissement.

Ces inconséquences et ces fausses mesures ont été inspirées par une même pensée. On s'est laissé dominer par la crainte que les subsistances ne tombassent à trop bas prix pendant l'année 1847-48. Surprenant travers, de chercher avant toute chose, quand on est en pleine disette, à se prémunir contre le bon marché, et, lorsque les populations sont affamées, de se donner pour principal souci qu'elles n'aient dans quelques mois et pour quelques mois la subsistance à trop bas prix! Il n'était pas à supposer qu'après l'éclat et la puissance qu'ont reçus des mains de la France les principes populaires, ce fût parmi les nations notre patrie qui donnât cet exemple au monde! Pénible contradiction, qu'on voudrait couvrir d'un voile, pour l'honneur de notre temps! Au sein de l'asile d'où ils nous contemplent et nous encouragent à poursuivre l'œuvre qu'ils avaient si noblement commencée, les hommes immortels de 89 doivent en éprouver une humiliation profonde. Ils ne sont pas les seuls auxquels ce qui se passe parmi nous en ce moment remonte comme une vapeur offensante; car il faut rendre cette justice aux siècles passés, dès qu'il s'agissait des subsistances, l'ancien régime, tout imbu qu'il était de l'esprit de monopole, était peuple autant que les grands hommes de 1789, et on ne le surprit jamais à rechercher les moyens d'enchérir la vie. C'est un système nouveau d'économie nationale, une nouvelle notion de gouvernement patriotique, qui fait école de notre temps et qui a de chauds partisans même dans la fine fleur des amis du peuple. Au milieu de notre génération légataire du siècle des lumières, ces sophismes grossiers ont acquis l'empire. Plus d'une ame honnête et désintéressée les a salués comme des maximes d'état, comme une inspiration de la sagesse éternelle. C'est ainsi que nous offrons aujourd'hui ce spectacle inoui, qu'au fort d'une disette à peu près sans exemple, le soin le plus empressé des pouvoirs publics soit de préserver la France de la calamité qui consisterait à avoir le pain et la viande à bas prix, dans l'intervalle qui séparera la moisson de 1847 de celle de 1848, après que toutes les économies des pauvres gens auront été dévorées, alors qu'une grande partie des populations se sera endettée pour traverser la crise, et que, le capital national ayant été amoindri par la disette, les moyens de travail seront devenus plus rares.

———◆———

VIII.

MESURES RELATIVES AUX TRAVAUX PUBLICS.

Au sujet des travaux publics, les pouvoirs de l'état ont eu une double occasion de manifester leur prévoyance et leur appréciation éclairée de la situation.

La compagnie de Paris à Lyon s'est trouvée arrêtée dans son entreprise par une fâcheuse découverte. Après avoir commencé ses travaux avec activité et s'être mise en mesure d'ouvrir prochainement sa ligne entre Paris et Tonnerre, elle a reçu un rapport de son ingénieur en chef, homme d'une capacité et d'une loyauté éprouvées, annonçant que la dépense, estimée à 200 millions, s'élèverait à plus de 300. La panique s'est répandue parmi les actionnaires; un grand nombre aurait voulu abandonner l'entreprise; les plus modérés se sont accordés à solliciter du gouvernement la révision de l'acte de concession. La compagnie a demandé qu'on prolongeât la durée de sa jouissance, qui est de quarante-un ans, et qu'on l'affranchît de la traversée de Lyon, qui, telle qu'elle est indiquée dans la loi, serait infiniment onéreuse (1).

Le gouvernement a longuement réfléchi, et, à la fin, la transaction qui est intervenue et qui n'est que provisoire, est, de toutes celles dont il avait été question, celle qui garantit, pour la saison actuelle et pour l'hiver prochain, la moindre quantité de travail aux populations. La compagnie de Lyon s'engageait à porter, d'ici au mois de juillet 1848, à 120 millions le chiffre de ses dépenses calculées à partir de l'origine, ce qui supposait un nouvel appel de fonds de 40 millions et des travaux neufs pour pareille somme, mais c'était à condition que la confiscation qu'elle aurait eu à subir, dans le cas où l'on ne serait pas tombé définitivement d'accord, n'irait pas au-delà de son cautionnement ou de 16,800,000 fr. Les administrateurs de la compagnie craignaient que les actionnaires ne répondissent pas à l'appel de fonds, ou, réunis en assemblée générale, ne provoquassent la suspension des travaux, afin d'intimider à leur tour le gouvernement, dans le cas où il s'agirait pour eux de courir la chance d'une confiscation de 24 millions, telle que le gouvernement la voulait. A cette combinaison qui assurait l'établissement immédiat de nombreux chantiers, et qui avançait la construction d'un chemin de fer unanimement jugé indispensable, l'administration en a

(1) Cette traversée suppose l'établissement de trois gares complètes pour les voyageurs et pour les marchandises dans la seule ville de Lyon ou dans ses faubourgs.

préféré une autre qui n'assure des travaux que jusqu'à concurrence de
la somme de 10 millions, mais qui soumet éventuellement la compagnie à une pénalité de 24 millions. Il semble que l'administration ait eu,
avant toute chose, le désir de montrer qu'elle savait faire acte d'autorité
vis-à-vis des compagnies de chemins de fer. Ce n'était pas la question.
Personne, parmi les hommes dont le gouvernement doit rechercher
l'approbation, ne l'accuse sérieusement d'être dans la dépendance des
compagnies de chemins de fer; mais tout le monde se plaint de ce que
la France n'a pas encore ses voies de communication rapide pendant
que l'Angleterre et l'Allemagne en sont couvertes, et on en a de l'hu-
meur contre le gouvernement. Le pays est impatient de jouir de la ligne
de fer qui conduira de Paris aux deux villes les plus populeuses du
royaume, qui mettra la Méditerranée à quinze heures de la capitale,
Alger à deux jours et demi. Et il est actuellement d'intérêt public au
premier chef que de vastes ateliers soient ouverts aux populations cet
automne et l'hiver prochain. On atteignait ce double objet en adoptant
le système que recommandait la compagnie. On y tourne le dos par
l'autre système. L'administration est donc tombée dans une regrettable
méprise; il reste cependant l'espérance que la chambre, saisie de la question par un projet de loi, réparera cette erreur.

De son côté, la commission du budget, cédant à l'amour de l'économie, a l'idée de réduire les travaux publics extraordinaires dans
une très forte proportion pour l'exercice 1848. Le ministre des travaux publics demandait pour cette destination un crédit de 133 millions, qui était en rapport avec les crédits des exercices précédens.
La commission veut réduire la demande du gouvernement de plus de
90 millions. On ne se rendrait compte de cette disposition que si le
désordre était dans nos finances, et nous n'en sommes pas là. Nos re-
venus publics, il est vrai, n'ont pas continué cette année la marche
ascendante qui a imperturbablement signalé notre patrie à l'étonne-
ment de l'Europe depuis quinze ans. Prises dans leur ensemble, les re-
cettes indirectes du premier trimestre de 1847 sont un peu en dessous
de celles de 1846, la différence est de 4,361,000 francs; cependant elles
sont de 9,435,000 francs au-dessus de celles de 1845, c'est-à-dire au-delà
des prévisions du budget. Ce n'est donc pas une situation financière
faite pour alarmer. On ne voit pas non plus que le crédit de l'état
diminue. L'état n'a pas cessé d'inspirer la plus grande confiance aux
capitalistes. Si les rentes françaises ont baissé, si l'intérêt des bons du
trésor a du être haussé, le gouvernement français en cela subit la
condition commune de tous les gouvernemens européens. Le capital
est momentanément raréfié; quiconque a besoin de capital, individu
ou état, en subit les conséquences. Le gouvernement, dit-on, va être
forcé d'emprunter; il faut donc qu'il réduise ses dépenses au strict né-

cessaire. Il me semble que les travaux extraordinaires destinés à occuper les bras pendant que les subsistances sont chères font partie du
nécessaire dans le sens le plus strict. Le gouvernement vient d'éprouver,
à l'occasion des bons royaux, que, lorsqu'il faisait un appel aux capitalistes, les fonds ne lui manquaient pas, et il vaut mieux emprunter
pour faire exécuter des travaux utiles, qui devraient être accomplis,
dans tous les cas, d'ici à très peu de temps, que pour augmenter l'armée
de vingt ou de trente mille hommes, afin de contenir les masses populaires. D'ailleurs, au point de vue financier, et toute question d'humanité ou d'ordre public à part, c'est une opération plus onéreuse d'ajour-
ner l'entrée en jouissance de voies de communications utiles, où de
grands capitaux de l'état sont déjà engagés, que d'emprunter même
à 5 pour en accélérer l'achèvement. On peut espérer, d'ailleurs, que le
taux de 5 pour les bons royaux ne se maintiendra pas long-temps. Le
meilleur symptôme à cet égard, c'est que la rente 5 pour 100 est au-
dessus de 116.

Les inflexibles partisans des économies ont encore une réponse :
« Nous, diminuer les travaux publics! le ciel nous en garde! disent-ils.
Nous maintenons cette ressource du pauvre. Les reports des exercices
précédens laissent disponible une somme telle qu'en la joignant aux
crédits votés pour 1847 et à ceux que nous laissons pour 1848, on aura
pour les deux années une moyenne égale à la plus forte somme qui ait
été jamais consacrée aux travaux extraordinaires. » Les hommes honorables et bien intentionnés qui tiennent ce langage sont dupes d'une
illusion. Si constamment de chaque exercice il reste pour le suivant un
excédant disponible, il faut croire qu'il y a dans notre mécanisme des
travaux publics une cause qui empêche de dépenser rigoureusement
chaque année le crédit alloué, et qui tantôt induit à l'excéder, tantôt
force à rester en-deçà. Cette cause est connue, c'est la spécialité des
chapitres. On ne dit point au ministre des travaux publics : Vous dé-
penserez cette année en bloc telle somme, cent millions par exemple;
on lui morcelle ce total entre trente ou quarante chapitres, qui ne doivent point empiéter l'un sur l'autre. Avec cette méthode, qui peut, du
point de vue du bon ordre des finances, offrir beaucoup d'avantages,
il a été et il sera toujours impossible à un ministre des travaux publics
de tirer bon parti des sommes qui lui sont confiées, s'il n'a pas la faculté des reports, et s'il n'en use point à l'aise. Les personnes les moins
versées dans les travaux publics comprennent qu'il ne faut pas songer,
pour chaque entreprise spéciale, à dépenser strictement une somme
déterminée à chaque campagne. On peut être retardé par mille acci-
dens tenant les uns à la saison, les autres à une fourniture espérée,
mais non réalisée, celui-ci au régime des fleuves, celui-là à la tenue
de la mer, d'autres enfin à cet imprévu que rencontrent toutes les œu-

vres des hommes; mais, avec la faculté de reporter d'un exercice au suivant les sommes votées, on compense les retards de certaines années par l'accélération des autres. Lors donc que la commission du budget considère comme devant être dépensées réellement à la fin de 1848 toutes les allocations accordées jusque-là, elle caresse une chimère. Autre observation : il ne restera à l'exercice 1848 une somme considérable, après la suppression projetée de 90 millions, qu'autant qu'en 1847, pendant le fort de la disette, le gouvernement n'aurait pas activé de toutes ses forces les travaux : ou bien l'on constate que le gouvernement, de lui-même, a commis cette impardonnable omission, et alors c'est un bien grave reproche qu'on lui adresse; ou bien on essaie de l'y contraindre, et, dans ce cas, on assume une responsabilité effrayante.

Considérons la nécessité de réduire les dépenses publiques comme parfaitement établie. Il serait bon que l'on fît connaître au nom de quelles convenances et de quel principe on frappe avec cette prédilection les dépenses productives. Est-ce que c'est en faveur des travaux publics seulement qu'il y a eu des prodigalités? est-ce même sur ce point qu'on s'est réellement montré prodigue? Je vois qu'on met en bon état nos routes royales, qu'on achève une portion seulement de nos canaux, qu'on améliore nos principaux ports de mer, qui étaient trop resserrés et dont les dispositions étaient arriérées. A l'égard des chemins de fer, qui de tous les chapitres du budget des travaux publics formaient le plus lourd, on a rejeté sur l'industrie privée la majeure partie du fardeau. S'il est vrai qu'on se soit trop pressé de commencer l'amélioration de quelques ports secondaires, la dépense en est bornée; ce n'est pas ce qui gêne le trésor. Dans nos dépenses en travaux publics donc, je ne vois rien qu'on doive regretter. Ce sont toutes dépenses qui tourneront à la prospérité du pays. Qui voudrait en dire autant d'autres chapitres du budget?

Depuis une dizaine d'années, nos dépenses militaires sur terre et sur mer ont pris un développement abusif. Je trouve dans des notes qu'a bien voulu me communiquer l'illustre et vénérable comte Mollien, ancien ministre du trésor, que dans les trois années qui suivirent la rupture de la paix d'Amiens et se terminèrent à Austerlitz, pendant une période où tout l'effort du gouvernement était dirigé vers la guerre, où, pour relever la marine afin qu'elle pût affronter Nelson, on faisait tous les sacrifices imaginables, la dépense du ministère de la guerre avait été de 809 millions, celle du ministère de la marine de 440. C'est en moyenne par année 270 millions à la guerre, et 146 à la marine. Nous qui avons adopté une politique diamétralement contraire à celle de Napoléon, qui avons le système de la paix, qui demandons à la paix notre force et notre lustre, dont le titre à l'estime de la postérité sera d'avoir sauvé la paix de toutes les embûches qu'on lui avait tendues, nous avons de plus fortes dépenses militaires que le gouvernement de Napoléon! Quant au ministère de la guerre, nous sommes à cent millions de plus. Il semble qu'on épie toutes les occasions de le grossir. Du côté de la mer, nous avions eu le bon esprit, pendant les huit premières années qui suivirent 1830, de ne pas accroître nos armemens. Les traditions du baron Portal, qui considérait 60 millions comme un budget normal de la marine, étaient respectées, et, à l'expiration de 1838, nous n'étio s qu'à 72 millions. En 1839, nous sommes montés à 80; en 1840 à 99. 1841 et 1842 nous ont ramenés, à vingt millions près, aux budgets de 1803, 1804 et 1805. Actuellement nous voilà presque tout juste au niveau de l'époque où Napoléon se préparait énergiquement à une action décisive dont le trident de Neptune devait être le prix. Nous aurons dépensé en 1847 les 145 millions de la période close à Trafalgar. Nous sommes les seuls en Europe qui, depuis 1830, ayons fait subir de pareils accroissemens à notre état militaire.

Cependant voici qu'une circonstance se présente où l'amour de l'économie s'empare violemment des pouvoirs publics. La commission du budget prend la ferme détermination de réduire les dépenses de l'état. Sans doute on va porter la hache dans le vaste et menaçant échafaudage que l'esprit guerrier est parvenu à élever au milieu de notre société pacifique, à l'aide de nos passions qu'il a flattées, de nos ressentimens qu'il a excités, de notre immense vanité qu'il a comblée de caresses. On va réduire le budget de la guerre au moins à la dépense de l'année d'Austerlitz. On signifiera au gouvernement que l'Algérie doit cesser d'être un chancre financier, et que, pour contenir une population de deux ou trois millions d'Arabes, et ne rien faire pour la colonisation, il faut qu'il se contente de moins de 100,000 hommes et de 100 millions. Pour ce qui est de la marine, la commission du budget, d'une voix courageuse et ferme, va dominer les vaines clameurs de quelques patriotes fougueux qui se sont persuadés que la France pouvait aujourd'hui prétendre à l'empire des mers, et qui ont fait accroire à la multitude qu'il était possible d'être une grande puissance maritime quand on n'avait qu'une petite marine marchande. Assurément donc on va couper court à nos essais de colonies dans l'Océanie, réduire à la plus simple expression l'appareil dispendieux imaginé pour remplacer le droit de visite; de même on soumettra à un jugement nouveau la loi des 93 millions de supplément à la marine. De tout cela, il n'est pas question. Le grand mot d'économie a été prononcé, il est devenu le mot d'ordre; nous n'en garderons pas moins, avec notre politique de paix, un budget de la guerre tel que pourrait le désirer une puissance à la veille d'entreprendre la conquête de l'Europe : nous n'en rabattrons pas même un seul des régimens ajoutés en 1840. L'Algérie ne cessera pas d'occuper cent mille hommes et de nous coûter 100 millions pour ne pas coloniser. Nous persévérerons dans l'exaltation de notre ambition maritime, et nous poursuivrons le judicieux dessein d'édifier une puissante marine militaire sur d'autres bases qu'une bonne marine marchande et un vaste système d'échanges avec les autres nations. Nous conserverons soigneusement nos possessions de l'Océanie, dussent-elles demain nous susciter, comme hier, un cas de guerre pour le plus futile des motifs. La flotte spéciale que nous entretenons afin de nous soustraire au droit de visite qui humiliait notre pavillon, mais dont s'accommodait l'orgueil de l'Angleterre, quoiqu'elle le subît autant que nous, ne sera pas diminuée d'un navire. Au sujet de la loi des 93 millions, nous n'aurons qu'un regret, c'est de ne pas avoir voté une somme plus ronde. Tout ce qui coûte sans rien rapporter, tout ce qui obère inutilement les populations sera religieusement respecté. Les projets intempestifs et les entreprises chimériques qui, nées des illusions de l'opinion, tendent à les perpétuer, auront leurs allocations au budget comme par le passé. L'emportement de notre zèle novice en faveur des économies s'exercera contre les travaux publics qui sont destinés à féconder le pays, qui en ce moment doivent occuper la population nécessiteuse, et à l'égard desquels on aurait dû poser en principe qu'il n'y serait pas touché. Le ministère s'est efforcé, au commencement de l'année, de faire exécuter par les communes des travaux extraordinaires. Il les y a excitées de toutes ses forces. Les communes s'y sont prêtées fort volontiers, quelquefois sans avoir des projets bien étudiés ou d'une utilité bien reconnue. Elles ont consacré à cet usage leurs économies, quand elles en avaient, et le produit d'emprunts, excessifs peut-être, qu'elles ont contractés, pour lesquels des projets de loi sont tous les jours présentés aux chambres. Il sera curieux qu'au sortir de ses chaudes exhortations aux communes, le gouvernement se mette à fermer ses propres chantiers. Il ne peut accepter un pareil rôle. On assure cependant qu'il a cédé à la commission du budget presque sur tous les points.

IX.

APPRÉCIATION GÉNÉRALE DE CE QUI A ÉTÉ FAIT DEPUIS L'ORIGINE DE LA CRISE. — INFLUENCE A LAQUELLE LE GOUVERNEMENT A CÉDÉ.

L'administration a donc été mal inspirée jusqu'à présent dans tout ce qui regarde la crise des subsistances. S'il fallait en citer des preuves de plus, je mentionnerais les ordonnances qui sont venues brusquement prohiber la sortie des grains inférieurs, des pommes de terre et des châtaignes, sans donner au commerce un seul jour pour remplir les engagemens qu'il avait pu contracter. On n'a pas réfléchi que par là on accréditait le système des approvisionnemens réservés qui est un fléau dans les temps de disette. En cédant à l'émeute lorsqu'elle désapprouve l'embarquement à Boulogne ou à Dunkerque de quelques faix de pommes de terre à destination de la Belgique ou de l'Angleterre, on l'encourage à s'opposer à ce que de la Beauce ou de la Normandie les blés s'expatrient pour aller nourrir la Picardie ou le Maine. On n'a pas vu non plus que, si la cherté chez nous légitimait la prohibition à la sortie, elle pourrait tout aussi bien autoriser l'empereur de Russie ou le congrès des États-Unis à interdire l'exportation des grains dont nous avons besoin; car les demandes extraordinaires de l'Europe sont cause que cette année le blé a doublé à Odessa, à Riga et à New-York, et il est exactement aussi pénible pour les populations de la Russie et des États-Unis qu'il peut l'être pour les nôtres de payer le pain le double.

Je pourrais aussi rappeler ce qui s'est passé lorsque, à l'occasion de la crise, il s'est agi d'autoriser la Banque de France à émettre des billets en moindres coupures. C'était un expédient reconnu avantageux pour rendre disponible, en la remplaçant dans la circulation par des billets de banque, une certaine masse d'écus qui aurait servi à solder notre importation extraordinaire de blés. On a eu à opter entre le minimum de 100 francs et celui de 200 francs : on avait les meilleures raisons pour préférer les billets de 100 francs. Ils devaient avoir beaucoup plus de puissance pour mettre une certaine masse de numéraire à la disposition de notre commerce d'approvisionnemens. Quand des billets d'un thaler (3 fr. 76) circulent sans danger en Allemagne, où les populations ont moins que les nôtres le sens commercial, on peut croire que des billets de 100 fr., émis par une banque qui est le contraire de la témérité, n'offriraient aucun péril. La Banque a été partagée dans son conseil; les membres les mieux informés sur le mécanisme des banques en général voulaient les billets de 100 fr.; mais ils étaient en minorité. Le gouvernement a tenu dans ses mains l'issue du débat. Au lieu de se prononcer avec les hommes les plus éclairés de la Banque et du public en faveur des billets de 100 fr., et d'en autoriser l'émission par toutes les banques du royaume, il a appuyé la limite de 200 fr., pour la seule Banque de France. On peut croire que le danger est dissipé. En ce moment du moins, la Banque de France voit son encaisse métallique s'accroître sans cesse. Cependant nos importations de grains ne s'arrêtent pas; elles sont depuis deux mois plus actives que jamais. Nous avons donc, pour achat de grains et pour fret, 50 à 60 millions à payer mensuellement à l'étranger, par extraordinaire. Il faut qu'en grande partie cette somme soit soldée en écus. Il n'est pas certain qu'il n'en résultera pas quelque embarras comparable à celui qu'a éprouvé la Banque au mois de janvier. Il y a peu de jours que l'exportation insolite du numéraire a occasionné en Angleterre une crise financière dont l'industrie britannique n'est pas encore sortie. L'Angleterre a pu se croire un instant à la veille d'une suspension des paiemens en espèces pareille à celle qui a mis ce puissant empire au régime du papier-monnaie de 1797 à 1821, et on y a agité la question de l'émission de billets d'une livre sterling au lieu du minimum actuel de 5 liv.

Il m'en coûte de blâmer ainsi de tout point, dans cette affaire des subsistances, la conduite d'une administration qui s'est créé des titres à la reconnaissance publique par la modération et la sagesse dont elle a donné des preuves multipliées, et qui a eu surtout le grand mérite de sauver la paix du monde deux fois depuis 1840; mais cette accumulation de fausses mesures ne peut passer inaperçue. Il est bon de les signaler publiquement, ne fût-ce que parce qu'un avertissement, s'il était répété par des voix plus puissantes que la mienne, pourrait empêcher ce qui n'est qu'une tendance encore de passer à l'état de faits accomplis; je supplie surtout le cabinet de s'interroger lui-même et de se demander si cette série de fautes ne provient pas de ce qu'il se serait laissé circonvenir par une intolérante coalition d'intérêts aveugles. Les prohibitionnistes, puissamment organisés, ne veulent pas qu'on laisse entrer en franchise les céréales et la viande. L'entrée en franchise de quoi que ce soit leur fait horreur, même pour un jour. Il semble que la prohibition soit une arche sainte. Ils sont parvenus à enrôler beaucoup d'agriculteurs sous leur bannière en leur persuadant que la prétendue protection leur était avantageuse, tandis qu'en réalité elle fait peser sur l'agriculture beaucoup de charges et lui donne très peu de profits. Les prohibitionnistes craignent probablement que nos agriculteurs ne s'aperçoivent, à la faveur d'une expérience passagère, combien peu est productive la protection que leur procure la douane, en comparaison de ce qu'elle leur coûte, et l'armée de la prohibition, perdrait ainsi son plus gros bataillon. La disette même ne semble pas une raison suffisante au comité qui, dans une lettre officiellement adressée au conseil des ministres avant que la crise des subsistances ne fût déclarée, se targuait d'avoir *la responsabilité de l'existence de presque toute la nation* (1). Le pays courra le risque d'être affamé : oui, mais le principe du régime prohibitif sera sauvé. Les chefs des coalisés ont donc déclaré qu'ils s'opposaient à ce que le tarif fût modifié, même provisoirement, surtout à l'égard du bétail. Ils ont parlé avec l'assurance que leur inspirent leurs grandes victoires passées, celle de 1841 contre l'union commerciale avec la Belgique, qu'ils ont empêchée au mépris des plus grands intérêts politiques de la patrie, celle de 1845 contre la graine de sésame et contre M. le ministre du commerce lui-même, celle de cette année contre le projet modéré pour la révision du tarif que l'administration avait préparé, et auquel il a fallu substituer, parce que tel était leur bon plaisir, le ridicule plan de réforme douanière dont la chambre des députés est saisie. Ils ont parlé comme des hommes qui sont assez les maîtres pour avoir fait répéter, en 1847, à Paris même, avec un redoublement de rigueur contre les commerçans les plus honorables, en l'honneur de la prohibition, les visites domiciliaires et les autres vexations imaginées par la convention et par l'empire comme des mesures de guerre contre l'Angleterre. Pourquoi faut-il que nous ayons à dire qu'ils ont été écoutés, obéis ! Le gouvernement a laissé comprimer ses bonnes intentions, fausser ses mesures, mutiler ses projets; on n'a touché à la question de la crise des subsistances que pour commettre des fautes. Il y avait pour le gouvernement une autre conduite à tenir en présence de cette audacieuse coalition. Les prétentions des prohibitionnistes n'auraient pas tenu devant la discussion publique. Ils osent beaucoup, mais ils n'auraient pas osé affronter le reproche lancé du haut de la tribune de se faire les complices de la famine. Lequel d'entre eux concevrait l'idée de tenir tête à l'homme éminent qui est le chef du cabinet, s'appuyant sur l'intérêt populaire, dans une de ces luttes parlementaires où il est habitué à de si éclatans triomphes? En grande majorité, tous même, ils ont dans l'ame le sentiment des droits de l'humanité; il ne s'agissait que de l'y réveiller. Avec de la fermeté, on les eût ramenés à la raison; tout ce qu'on aurait demandé d'une voix assurée, on l'aurait obtenu sans coup férir.

Le gouvernement s'est dès l'abord laissé ravir sa liberté de jugement. Conjurons-le de reprendre l'empire de lui-même. Rien n'est périlleux

---

(1) Lettre du comité de l'association dite du *travail national*, publiée par lui-même sous la date du 10 novembre 1846.

pour un gouvernement comme de se laisser dominer par une coterie. Que la domination s'exerce au nom du ciel ou de la terre, que ce soit par une congrégation religieuse, par une faction politique ou par une coalition d'intérêts manufacturiers, le péril est le même, et il est immense : une pareille tentative d'asservir jusqu'au gouvernement, libre émanation de la volonté nationale, heurte le sens public et soulève des orages. Dans les circonstances actuelles, c'est un fait monstrueux. Quoi! nous aurions, depuis soixante ans, bouleversé le royaume de France, l'Europe, le monde; nous aurions accompli deux révolutions, dont l'une au moins a été un travail d'Hercule, afin de faire triompher la liberté et l'égalité, et de nous placer à jamais au-dessus des atteintes du privilége et du monopole; dans cette gigantesque entreprise, nous aurions fait immoler trois millions d'hommes, dépensé ou fait dépenser à l'Europe un capital de 50 milliards, et le résultat final de tant de labeurs, de tant de sacrifices, serait qu'une disette étant survenue, le gouvernement de notre pays, au moment de montrer sa sollicitude pour les populations souffrantes, n'aurait pas suivi son penchant, malgré les nécessités de la vraie politique, malgré l'exemple des gouvernemens voisins, parce qu'une coalition égoïste d'intérêts privés serait venue lui signifier qu'elle ne le voulait pas, et il aurait rendu son épée aux coalisés sans combat! Cela ne saurait être; ce sont de ces choses auxquelles on ne croit que lorsqu'on les a vues irrévocablement consommées. Espérons-le encore, nous ne sommes pas destinés à assister à un pareil spectacle. Le gouvernement, à l'instant décisif, prendra une attitude et un langage dignes de lui : c'est indispensable. Il ne s'agit pas seulement de l'affermissement et de la durée du cabinet; il y va de l'honneur et de la dignité de la France; il y va, plus qu'on ne le pense, de sa liberté même; car là où le gouvernement, dans la plus vitale des affaires, aurait reconnu des maîtres, la nation resterait-elle en pleine possession de sa liberté?